唐卡

唐卡中的
女性智慧

50 幅唐卡看度母、佛母、女性傳承上師

吉布◎編著

二十一度母造像唐卡

這幅二十一度母造像唐卡屬於薩迦派的詮釋。位於中央的主尊和環繞四周的二十一度母全都呈金色。二十一度母位於主尊的背光之中，表示她們都是同一度母的化身。她們都有自己本來的體色，金色是由委造這幅唐卡的人添加上去的，作為對度母的供養。

二十一度母為觀世音菩薩的化身，綠度母為二十一度母的主尊，持誦本尊咒，能總持二十一度母之功德。修持此尊秘法，能斷生死輪迴，消除一切魔障、業障，並能消災增福、延壽、廣開智能，凡有所求無不如願成就，且命終往生極樂世界。唐朝的文成公主咸信是綠度母的化身。

① **綠度母**

身呈金色，頭戴花蔓冠，髮髻高挽，雙耳垂金環，慈眉善目。上身裸露，肩披掩腋衣，頸掛珠寶瓔珞，帛帶飄繞。左手當胸拈一曲莖蓮花，右手下垂，掌心向外作與願印，以象徵克服八難，施眾生予安樂。赤足於蓮上，蓮瓣粉嫩如初生。

② **二十一度母**

作為一種特別供奉，二十一度母全都呈金色。位於主尊的背光之中，表示她們是同一度母的化身。

③ **供養天女**

聖教度母下方左右各有四個供養天女。天女們一面二臂，雪肌玉顏，青絲成髻，非常美麗。她們手捧八吉祥徵、輪王七寶、幡傘、寶幢、千幅金輪、右旋海螺等無量供養品供養二十一度母。手持兩面都可看的紅色鏡子為色天女，手持琵琶等樂器為聲天女，手持香塗海螺為香天女，手持甘露妙食為味天女，手持莊嚴天衣為觸天女。

④ **守護天女**

她上身裸露，肩披帛帶，站立於度母淨土入口處，從她雙手手心發出兩道虹光，度化修持度母的薩迦弟子，助其獲得修行證果。

⑤ **東方四天女**

為藏密所奉十六位供養天女中的東方四位，自上而下依次為遍鼓天女、琵琶天女、腰鼓天女和橫笛天女。前兩者為獸頭人身；後兩者頭戴花冠，頂結高髻，戴大耳環，面相端莊嫵媚，呈明顯的三折枝式。她們軀體豐滿，胸部雙乳高隆，女性特徵明顯。

目錄

二部 唐卡中的佛母

《序》 救度眾生的母親

蒼穹、雪山、草原，自然的色彩在青藏高原盡情揮灑，孕育出藏族人豪邁瀟灑、單純潔淨的性格。因為遠離文明，貼近自然，更懂得珍惜眼前、更懂得敬天畏地。

要了解藏族人、了解藏族文化，就要先了解藏傳佛教。

藏族人唯一的信仰就是佛教，在他們的一生中，語出最多的句子，是六字大明咒；意念最多的對象，是上師本尊護法。如果硬要把宗教這個元素從藏族人的生命中抽離，剩下的就什麼都沒有了。多數的藏族人並不熱衷追求現世利益，儘管物資匱乏，仍然願意盡力供養寺院，過著安貧樂道的生活，享受精神生活的富裕。與三五好友在藍天下高歌，在草地上大笑，就是人生最大的滿足；反觀我們，身處文明物質豐碩，卻不知快樂竟如此簡單，唾手可得。

走進藏傳佛寺，濃郁的酥油燈，摻雜著藏香特有的氣味，紅袍穿梭，摩尼低吟，轉經輪、磕大頭、點燈合什，人佛間的交流，使人自然生畏。這個特點，不只在密，也在顯；顯密雖有不同的儀軌制度、不同的法樂洪音，卻同樣能達到攝授人心的效果。相對於佛教各個宗派，藏傳佛教以取材豐富、用色大膽，具有鮮明地方氣息的佛像藝術，塑造出一股神秘醉人的特質。本書蒐羅不少珍貴唐卡，加上作者吉布深入淺出的介紹，足以帶領讀者一窺藏傳佛教藝術瑰寶的殿堂。

《唐卡中的度母》以女性證悟者為主題切入修行，對有志修習佛法的女眾而言，是件令人鼓舞的事情。佛性普遍存在，原本沒有男女之分，但顯教教義男尊女卑，在女權高漲的社會經常被人

質疑。經典記載，佛陀最初不答應養母憍曇彌出家，以免引起輿論撻伐、破壞僧團合和，最後還是靠著阿難尊者勸說，才有了第一批出家女眾。時至如今，比丘尼的地位仍然低於比丘，並受八敬法戒律的約束。

在藏族社會，女人同樣可以達到開悟解脫的境界。許多地區，尤其是接近四川南部，依然保有女性仁波切傳承，或者稱為康卓瑪，即空行母的意思。有些康卓瑪的地位，甚至高於男性仁波切。佛母、度母、明妃、天女，大量存在於藏傳佛教系統；為了展現慈悲與智慧雙運的抽象概念，不得不用男女形象作代表，這種善巧方便，到現在卻變成誤解及濫用的淵藪。

觀音與度母，是藏傳佛教中最普遍的信仰，身繫著藏族血脈源由；歷史上，藏族人相信他們是觀音菩薩與度母的孩子，在眾菩薩中具有至高無上的地位。藏史上最偉大的君主松贊干布與二位夫人——尼泊爾赤尊公主和唐朝文成公主，就是觀音與度母的真實化現。西藏精神領袖達賴喇嘛，生生世世扮演著與觀音菩薩無二無別的角色。相傳久遠以前，觀音菩薩為了觀察所度化眾生的去處，當他站在普陀落迦山向下一看，惡趣眾生的數目並未減少，傷心之餘，雙目垂淚，左眼淚珠化為白度母，右眼淚珠化為綠度母，誓言協助菩薩度眾。

度母就是救度眾生的母親，擁有母親偉大的性格，完全無私的奉獻。當眾生陷於困境，只要向母親呼求，度母立刻現身免於二十一種危難。

唐卡是卷軸畫，既可作為宗教修行，也可作為五明教學。由於藏族人遊牧居無定所，將佛像畫在卷軸上，有易於攜帶的功用。僧侶閉關修行帶著唐卡，一方面可當作頂禮供養的對境，一方面可當作觀修的意緣。唐卡不像一般繪畫，可以天馬行空、自行發

揮，構圖、色彩、線條、比例，都有一定的規範，必須照著經典記載，不得任意增添縮減，除非畫者具有修行上的證量，或者受託自某位具量上師，才能依照觀修結果調整。

　　要將經典深義用圖畫方式描繪出來，往往得訴諸不同的表情顏色、姿態手勢、衣著飾物，甚至旁邊的人物副圖，因此在沒有上師指導的前提下，自行觀修是極危險也沒有利益的事情。不同的傳承有不同的觀修，微細的差異，若非多年鑽研或深入實修，外行人恐怕難以探究。本書蒐羅了許多難得一見的唐卡圖畫，配上作者生動解說，對於已入門、初入門或未入門的讀者，甚至只是想要以藝術的角度欣賞唐卡，都是一本值得珍藏的好書。

德千汪莫
二〇〇七年八月十日

〔序　救度眾生的母親〕

9

首部

藏傳佛教傳統

一位西藏女朝聖者在拉薩附近的摩崖壁畫前虔誠膜拜。

第一章
女性讚歌

在一世達賴喇嘛根敦珠巴（一三九一年～一四七五年）所造讚歌中，最廣為傳頌的一首就是《妙繪讚》，這是一首題獻給聖救度母的神秘讚歌。聖救度母是藏族人最喜歡的佛母，這首讚歌在西藏地區幾乎人人詳熟於心。在一年一度的拉薩傳昭大法會期間，每天都會有兩萬名僧尼聚集在一起，以低迴婉轉的旋律吟詠這首讚歌。在歌中，根敦珠巴大師寫道（湯薌銘譯）：

大悲悲憫所幻化，顯三世佛智悲力；
端嚴事業天母身，救護一切匱乏者。

界明清淨蓮月座，一面二手摩伽色；
盛年伸右屈左足，方便般若雙運轉。

無漏樂藏乳筆滿，面容滿月笑白淨；
靜息相狀悲廣眼，羯地羅林妙端嚴。
……

證寂悲亦依他起，沉溺苦海諸有情；
悲手速疾作濟拔，悲憫已能到究竟。

任何人在參觀過藏地寺院之後，都會對寺中壁畫、唐卡，乃至各色雕塑中的大量女性形象留下深刻印象。無論是僧院、覺姆寺，還是公共的靜修所，都可以感受到女性在西藏佛教藝術中的重要地位，這與大多數佛教國家和地區男性形象一統天下的局面形成鮮明的對比。在神秘的西藏藝術中，佛母形象的豐富堪稱無與倫比。

從位於中藏的貢嘎機場驅車前往聖城拉薩，短短的兩小時行程中，你就可以明顯地感受到這一特色。車程約莫過半，就可以看見途中的第一座寺廟。這座寺廟距離主路不遠，藏語為「卓瑪拉康」，意為「度母寺」，是專門供奉聖救度母的地方。而聖救度母則是藏地最常供奉的佛母之一。寺廟建於十一世紀中期，已經在這裡矗立了十個世紀，是藏族人禮敬聖救度母的見證。這座度母寺是在印度大師阿底峽尊者的啟發下修建而成，儘管規模並不大，但卻是西藏地位最崇高的聖地之一。寺中有數十尊度母像，有陶塑、有銅雕，也有精美的繪像。

在度母寺背後，大約兩公里開外的山谷頂端，還有一座僧院，就是著名的拉托寺，是一座同樣與聖救度母密切相關的靜修所。世代以來，瑜伽修行者就在拉托寺背後的山洞與茅屋中禪修。在寺中，你也可以看見無數的度母像及其他佛母像。其中最著名的是一尊小型的度母青銅像，據說是由阿底峽大師在一〇四二年初次入藏時親自帶來的。

在聖城拉薩，佛母像也是無處不在。布達拉宮就是最典型的一個例子。這裡有無數的佛堂，分別供奉著不同的佛母，包括聖救度母、金剛瑜伽母、般若佛母、尊勝佛母等等。在達賴喇嘛的夏季行宮羅布林卡也有好幾座類似專門供奉佛母像的佛堂，其中以七世達賴喇嘛在十八世紀修築的白度母佛堂最為著名。白度母修

白度母　布本設色唐卡　19世紀　79釐米×40釐米

相傳白度母是阿彌陀佛左眼所化，因佛母面、手、腳共有七目，所以又稱七眼佛母。白度母身色潔白，穿麗質天衣，袒胸露腹，頸掛珠寶瓔珞，頭戴花蔓冠，烏髮挽髻，面目端莊慈和，右手膝前施接引印，左手當胸以三寶印拈烏巴拉花，花莖曲蔓至耳際。相傳額上一目觀十方無量佛土，其餘六目觀六道眾生。

持和讚唄可保健康長壽。一世達賴喇嘛終生都嚴格尊奉著這一傳統，其他後世達賴也如是。七世達賴喇嘛一直身體虛弱，不適應潮濕冰冷的布達拉宮，於是修建了格桑宮，也就是這座白度母佛堂，作為自己的避暑地，並時常在佛堂公開講法，聽眾就在佛堂四周席地而坐。

西藏最古老、最莊嚴的大昭寺也同樣如此。大昭寺建築於西元七世紀中期，位於老拉薩正中心，由數十座小佛堂組成，每一座都有著自己的特別供奉對象。在這裡，可以看到數以百計的佛母造像。

在本書中，我們將僅僅著墨於那些最為知名的佛母，也就是藏傳佛教各教派中為信徒所熟諳的，以及藏傳佛教影響力所及的廣大中亞地區——北至俄羅斯東部和蒙古，南至喜馬拉雅地區的印度小王國，東至中國西部，西至印度的拉達克、拉荷、旁遮普、科努爾等地——人們所熟知的那些佛母。◐

　　從大昭寺頂遠眺布達拉宮。

第二章
佛父與佛母

幾年前，一位佛教學者在美國的一所大學舉行了一次公開演講。演講接近尾聲時，他開始接受聽眾提問。

一位年輕女士站了起來，問道：「女性在藏傳佛教中有什麼樣的地位？佛家對性別與證悟的關係有何見解？」

學者沉吟了一下，回答說：「總的來說，佛家對男性和女性的證悟潛質和能力是一視同仁的。」

思索片刻之後，他又繼續說道：「佛教教義主要分為兩個層次，第一個稱為顯乘，建立在佛祖公開傳授的教義基礎上。另一個稱為密乘，建立在佛祖秘密或有限傳授的教義基礎上。補充我剛才所說的一視同仁，在顯法中，男性擁有更高的地位；而在密教中，女性則有著更大的優勢。」

在本章稍後，我們將探討學者所說的兩種「法」究竟是什麼涵義，為什麼在這兩種佛法中，男性和女性的地位剛好相反？為什麼男性在前者占主導地位，女性則在後者占主導地位？

也許只有在瞭解以上原因之後，我們才能夠瞭解為什麼佛母主要與學者所說的密法相關，並進而瞭解為什麼她們會成為中亞藝術家和修行者數百年來的靈感源泉。

要瞭解什麼是佛母，我們首先需要知道「佛」的涵義。梵文中「佛」意指「悟」，蘊涵「從無知的睡眠中甦醒」的意思。藏族人將其翻譯為「桑結」，然後又賦予了「桑」淨化和解脫的意

思，意指從情感和內心的扭曲中淨化和解脫出來；賦予了「結」完滿或延展的涵義，意指獲得圓滿證悟和心性的拓展，領悟兩個層面上的真如實有：世俗諦上的自相有和勝義諦上的勝義有。也就是說，佛是在超脫（情感和內心的扭曲）和認知（兩個層面的真如實有）兩方面都獲得了精神圓滿或無上智慧的人，因此，「佛」可以說是所有獲得證悟的人的通稱。在無數世代中，獲得證悟的人數以百萬計。我們可以說，宇宙中存在著數百萬乃至數十億的佛。佛家相信，我們所有人都能有一天證入佛境，如同匯入大海的雨滴，與所有已經達成這一無上狀態的心靈匯合。

無論種族，無論性別，任何人都可以獲得證悟，這一點可以從密宗壇城中的「五佛」得到印證。這五佛分別有五種身色：白、黃、紅、綠、藍。在印度佛教中，這代表著五大人種。「綠色」是橄欖色或棕色人種，「藍色」是棕色或黑色人種。當然，對佛教密續有一定瞭解的人一定會知道，密宗的五色所象徵的並不只是人種，每一種顏色還與一種特定的元素、心理和五蘊、智慧能量等相關。在密宗壇城中，這五種顏色的佛也有著自己特定的方位。

從寺院和禪修所中的大量女性佛像也可以看出藏傳佛教對女性證悟潛力的認可。同樣，這五種主要的種族、膚色也說明所有種族的女性都具有同等的證悟潛力。

然而，性別問題在證悟領域的重要性極其有限。只有在獲得證悟之前，人才會有性別之分；獲得證悟之後，性別問題也就變得無足輕重。

我們將在第五章《三身法》中進一步闡釋這個問題。◗

第三章
佛祖釋迦牟尼

所謂「佛教」，廣義地說，就是指引圓滿證悟之道的宗教。然而，「佛」與「佛祖」則是兩個不同的概念。從更狹義，也更符合歷史事實的角度來說，今天的佛教，事實上指的是由佛祖釋迦牟尼所傳下來的證悟之道。釋迦牟尼於二五○○年前出生於今天尼泊爾和印度的交界地帶。其父為釋迦族族長，這一家族是比哈爾邦地區的望族，位於今印度中北部。佛祖的出生地藍毗尼距離尼泊爾邊境僅九公里。由於十二世紀至十四世紀穆斯林的破壞，其確切位置曾被遺忘多年，直至十九世紀末期才被英國人類學家重新發現。現在，在全球各佛教國家和地區的協助下，這一聖地已經得到了很好的修復。

他的生名為悉達多，但是很早便剃度為僧，更名為喬答摩，隨眾多大師參習禪定，勤力苦修，最終獲得圓滿證果，並獲得「佛祖」的稱號。

他被同時代人尊稱為釋迦牟尼，意為「釋迦族的聖人」，以後逐漸演變為「釋迦牟尼佛」，也就是「釋迦族的開悟聖人」。事實上，「釋迦牟尼」這個稱號只是經文中經常出現的一個更為冗長的尊稱的一小部分而已，這個尊稱是「世尊・如來・阿羅漢・三藐三菩陀・無上士・釋迦聖人」。有時我們也直接簡稱其為「佛祖」。

一世達賴喇嘛（一三九一年～一四七五年）曾根據大乘《普曜

經》中所記載的佛祖生平，造過一首有關佛祖生平的讚歌，名為
《摧毀暗黑之力》。一世達賴喇嘛在詩中這樣寫道：

世尊釋迦立誓願，廣大慈悲菩提心。
眾佛門下修三世，但求究竟證果位。
日益精進次第行，紛爭亂世得菩提。
敬禮我佛無上士，誠心禮讚歌一曲。
……

愛與慈悲伏黑暗，禪定修習得遠見。
敬禮晨曦亮光佛，修得金剛三摩地。

不費兵卒退敵魔，無用資媒清業障。
自告奮勇擔偉業，顯世亙古第一師。

　　儘管一世達賴在讚歌中不乏溢美之辭，但值得一提的是，他並
沒有將佛祖看得比其他佛更有智慧。所有獲證菩提的人都擁有同
樣的體悟。佛祖的與眾不同之處僅僅在於：他在一個特殊的時代
以一種特殊方式建立了一個將要存在五千年的世界傳統——把證
得佛果的技巧系統化，並使其傳承下去。一世達賴喇嘛所說的
「顯世亙古第一師」就是指這一點。

　　據說，在賢劫中將有千佛顯世，他們的證悟傳承也同樣可以持
續很長的時間。而釋迦牟尼正是其中的第四位。

　　因此，從廣義上說，佛教可以是由任何佛陀傳授的成佛、證悟
之道。不過，我們今天所說的佛教則是由釋迦牟尼在二五〇〇年

釋迦牟尼佛　　布本設色唐卡　19世紀　91釐米×59釐米

在唐卡中心端坐的釋迦牟尼佛，慈目善眉，面如滿月，表情平靜，肩頭圓滿，上下勻稱，體態端莊，頂成
肉髻，斜披袈裟，莊嚴地坐在蓮台上。佛陀右手施觸地印，左手平托缽盂。所托缽中儲有山、大地、日
月、須彌等佛土，亦有說缽內充滿智悲甘露。佛陀頭背光一周還環繞有白象、異獸、菩薩、羅漢等，在上
方左右角還各繪有一太陽和月亮，兩邊護法諸神獸各以動態呈現，兩神足弟子侍立下方左右，使整個圖面
豐富多變，全面釋迦牟尼佛占畫面統治地位，周圍則人物佈置均衡，既有磅礡的氣勢，又無雜亂之感。

前系統化，然後經過無數大師的傳承，數十代人代代相傳下來的
獲得證悟體驗的方法。我們今天在日本、韓國、越南和泰國等地
所看到的各種佛教形式莫不如此。在整個亞洲，佛祖及各種傳承
大師都是佛教藝術中常見的主題。我們將在第八章瞭解到一些重
要的女性傳承大師。🖤

釋迦牟尼摩崖造像，祈楚（Kyichu）河谷。（上圖）

第四章
顯法

從廣義來看，顯法指的是記錄佛陀所說佛法的經文。正如上一章所說，佛祖在生期間，這些經文都沒有被記錄下來，大多數經文都是通過數幾百年的心口相傳而保存下來的。密法同樣也是記錄佛陀所說佛法的經文，不同的是前者主要是基於佛陀的公開說法，而後者則基於佛陀的秘密及私下說法。《大藏經》（或《甘珠爾》）中一共有六百部顯法及同樣乃至更多的密法，全部由梵文翻譯而來。

有的時候，顯法經藏又根據基本的修行訓練不同而分為三類，也就是「三藏」：即強調戒律的經藏，毗那耶；強調禪定的律藏，修多羅；強調智慧的論藏，阿毗達摩。這三項法訓是獲得涅盤，也就是解脫業障的三大主要方法。

顯法又分為小乘和大乘。其中，小乘又被視為大乘的基礎。

小乘包含上述三種法訓：戒律、禪定和智慧。這三點是小乘顯法的核心，一旦在這三個領域獲得一定的成就，修行者就可以進入大乘的修行。

大乘的基礎是「菩提心」，指的是「為度眾生願成佛」的廣大慈悲之心。擁有菩提心的修行者被稱為菩提薩，即「菩薩」。所有菩薩最終都將精進菩提，即身成佛。從證果和成就來看，他們可以被看作是佛，但是仍然保留菩薩的稱號，繼續顯現於世，普度和利益有情眾生。大乘佛法中記錄了無數的男性菩薩，包括代

渾身散發虹光的佛像，拉薩葉莫切寺。

表大慈悲的觀世音菩薩、代表大智慧的文殊菩薩智慧、代表大信願的金剛菩薩等等。同時也記錄了很多女菩薩，度母就是其中最重要的一位。

菩薩與西方的大天使有很多相似之處。和大天使一樣，他們顯現於數十萬年的人類歷史長河中，既致力於提升人類的整體文明，同時也致力於救助芸芸眾生中的每個個體。

大乘佛法還收錄無數除了釋迦牟尼之外的其他佛陀的教義，並給予他們與釋迦牟尼同等的尊崇，這與小乘佛法形成了鮮明的對比。後者賦予釋迦牟尼至高無上的地位，「菩薩」一詞也主要只用作稱呼前生（也就是獲得證悟前的本生）的釋迦牟尼。

這兩種顯法都是建立在佛陀所首創的教法，也就是四聖諦的基礎上：苦聖諦、集聖諦、滅聖諦、道聖諦。也就是有關人生苦樂因緣的絕對真理：苦諦講的是世間皆苦果；集諦講的是業與煩惱是苦的根源；滅諦講的是解脫業緣；道諦講的是通過修行解脫離苦的途徑。

因此，無論是小乘還是大乘，都是將人的精神狀態看作是一條因果之線，苦與樂都有其各自的因由——種惡因得苦果，種善因即可得快樂與解脫。

小乘和大乘的最大區別在於，前者主要從生活及歷史的世俗角度來表現，後者的表現方式則更為深奧抽象。隨意參閱一下兩者的經文就可以很清楚地體會到其中的區別。

在藝術方面，小乘藝術作品主要是頌揚釋迦牟尼的生平（包括其本生）、其弟子的成就和行遊經歷，以及後世傳承大師的功績。在大乘教法中也有類似的東西，除此之外，大乘藝術作品還會表現無數其他的大乘佛陀和菩薩的故事。在與大乘佛法有關的藝術作品中，重點在於表現並傳達某一個特定的佛或菩薩所象徵

的精神特質，譬如愛、慈悲、智慧、長壽等等。

這兩種佛法都激發藝術家創作了很多有助於講法和禪修的工具，譬如後面這幅〈六道輪迴圖〉，它繪製的是銜在死主頷下的世間六道，其涵義是我們人人都在這六道——地獄道、餓鬼道、畜牲道、人道、阿修羅道、天道——之間輪迴轉生，直至最後看破生死，獲得涅槃或解脫。

事實上，大多數佛教藝術作品都起著精神引導的作用，某一特定的佛或菩薩的畫像或雕塑，常常被看作可以為家庭帶來寧靜及超脫的氛圍，同時也可以作為精神的支柱。也就是，佛像可以提醒人們與證悟傳統有關的精神價值和行為，譬如愛、慈悲、耐心、智慧、禪定、非暴力、誠實、信義等等，觀看這些佛像可以

◆ 拉薩大昭寺的佛像。（上圖）

激發人們從世俗的思想和行為轉向更有意義的領域。

佛教徒還相信，宗教藝術作品能夠承載和傳遞靈力。在一件作品完成後，通常會舉行開光儀式，將法力注入畫像，就如同將甘露注入淨瓶一樣。在藏語中，這種畫像即「花瓶」的意思，意指它是一個盛滿法力的花瓶。然後，這件作品就可以擔負起不平凡的任務，直接與觀想它的人對話，發揮醫療庇護等神力。

因此，藏族人將買賣開過光的佛像視為是最重的罪業之一，違背這一訓律，將導致來生被墮入十八層地獄。佛像一般為委託定造，而不是造好後掛在市場上販售。委造人只有付清費用，將佛像請回家後，才能舉行開光儀式。

如果出於任何原因，需對聖像進行修復，首先需舉行免除開光的儀式，將其中的靈力召喚出來，送回它們的天然居所。儀式舉行完畢後，畫師或雕塑師才能對作品進行修復。🝔

第五章
三身法

三身法，即法身、報身、應身，是大乘和密乘的核心教法，但是在小乘佛法中卻沒有類似論述。這一重要教法所探討的是個人在獲得證悟後命脈，同時也是密乘和大乘文學、藝術、畫像中無數佛陀和菩薩題材的靈感來源。

在這裡，法身指的是真身，報身指的是受用身，應身指的是化身。這三身有時又被合併為兩身，其中後兩種合稱為有形的「色身」，第一種法身則被稱為無形的「勝義身」。有時又可以稱為四身，因為法身又可被分為「明光」和「空相」。

在獲得證悟之前，心與身是相互分離但彼此合作的兩個實體。一旦獲得證悟，它們就合而為一。這時，人的生命之流就化為法身，也就是進入空性之境，和所有獲得證悟的人一起。

這就好比一滴水匯入大海，個人的生命也如同水珠一樣，匯入法身的海洋。正如我們無法從整個大海中分辨一滴水的味道一樣，個人也匯入佛的海洋，不可辨識。基督教徒可能會把這種泛宇宙的意識稱為神性。

然而，休憩在法身中的生命只能為其他獲得圓滿證果的人所感知。即便是第十界的聖者也無法直接接近法身，遑論普通眾生。

因此，當法身最終回憶起很久以前曾經發下的為度眾生願成佛的誓願，建立在廣大的愛與慈悲基礎上的菩提願就會發生作用。

眾生被分為兩界，已經獲得解脫的聖者和沒有獲得解脫的凡

人，兩者的認知能力有著巨大的差別，於是佛便派出了兩種幻化身，也就是報身和應身。報身顯現於聖者面前，激勵他們繼續精進，獲得圓滿證果；應身顯現於凡人面前，為他們提供激勵與引導。

這兩種幻化身並不是一般所說的「轉世」。儘管有的時候他們也會經過孕胎及分娩等過程，但是，推動這一切的並不是業力及煩惱障，而是他們的廣大慈悲。

甘丹寺中的佛塔。

佛的法身可以同時向這兩界散發出無數個化身。但是，只有那些經過法訓的人才可能有緣得見。四世紀的印度無著大師曾經在他的彌勒造頌《現觀莊嚴論》中寫道：

佛雨普降於眾生，
唯有根之籽破芽。

也就是說，每一個地方都有無數的證悟化身盤旋空中，等待我們根器成熟，方能接受他們的激勵和指引。他們沒有遲疑、偏見或任何隱祕的動機，然而，只有在我們的心性做好充分的準備時，他們才會來到我們身邊，就好像催發嫩芽的喜雨。對我們來說，挑戰就在於是否能夠感知到他們的存在。

十三世達賴喇嘛（一八七五年～一九三三年）在給弟子的偈語中說道：

我佛慈悲，普照有情眾生，
心緣成熟，方可收穫利益。
佛無偏持，高下盡在修為，
圓熟心境，早獲證悟根器。

他還在一首禱文中寫道：

敬禮我佛謹祈告：
早證圓滿四佛身，
報得宏願利眾生。

法身無形，因此也沒有性別。法身是一種無性別或超性別的生命狀態。但是，報身和應身卻有性別之分。

法身空相，因此也無法訴諸筆墨，只能通過象徵符號予以暗示。在佛教藝術作品中，最常用的法身象徵是佛塔。印度曾經造過八座類似的佛塔，用來供奉釋迦牟尼佛火葬後的遺體。這些佛塔通常用磚土造成，大約二到三層。

不過，在過去十至十二世紀，人們越來越多地使用青銅或黃金來製造佛塔，體積僅巴掌大，可以供奉於家中佛堂，作為法身的象徵。

由於法身無形，所以佛陀或獲得證悟的菩薩造像通常都取材於

藏王松贊干布與尼泊爾公主及文成公主雕塑，拉薩鐵山禪修洞。（上圖）

他們的報身或應身。正如上面所說，顯乘和密乘的藝術作品中經常會使用佛塔來代表法身。密乘壇城繪畫中央的圓圈也有同樣的涵義。

報身通常有三十二種主要的和八十種次要的優美完好外相，譬如亞洲藝術作品中常見的闊眼、長耳等特徵。此外，在西藏藝術作品中，報身造像通常會頭戴五頂冠，象徵五種智慧。

應身有三種主要化身，不過在西藏藝術作品中，通常只能看見其中兩種。第一種被稱為「勝應身」，有一一二個完美的外相標記，通常都與報身有一定的關係。根據佛經，只有在累世集聚了巨大福德的人才擁有足夠純潔的雙眼，能感知到真正的勝應身。當勝應身顯現在眼前時，福緣淺的人就只能看見乞丐、瘋漢、流浪狗或其他類似的東西，而完全無法感受化身的榮光。因此，普通人所能感知的就只有最低級別的化身。這一化身的形相，完全取決於修持者的因緣素質。

三身教法自西元三世紀開始盛行於印度，藏族人吸納了這一傳統，並將其發展到了一個全新的高度。

簡單地說就是，他們將這一法義與中陰道無上瑜伽密續聯繫在一起，並發展出有關意識重生的藝術和科學理論，最終形成了他們的圖庫（也就是平常所說的活佛）傳統。這一傳統大約出現於十二世紀，並由此濫觴。

西藏最著名的女活佛是多傑帕嫫，在西藏的三千名活佛中，位列第四。在官方聚會上，她的法座通常都高於其餘二九九五名圖庫。她的寺院位於羊卓雍措後面。

事實上，圖庫一詞本身就是梵語「應身」一詞的直譯。據說高僧坐化時會使用瑜伽密法，撥開死亡的迷霧，認清中陰之道，最終找到重生之路，同時還會將這三個步驟與三身分別聯繫在一

起。因此，活佛的轉世就是應身的化身。

　　有趣的是，西藏地區還發展出與「轉世」（圖庫）相對應的「化身」（圖巴）。由於法身可以散發出無數報身和應身，因此，很多高階喇嘛和重要的歷史人物又常常被視為是某一個佛或菩薩的化身。譬如，七世紀中期嫁給藏王松贊干布，並鼓勵他信奉佛教的尼泊爾公主和文成公主，通常被視為是聖救度母的化身。正是在她們的鼓勵下，松贊干布在整個藏族地區修築了一百零八座大佛寺和靜修所，並建立一個政府資助項目，支持藏族人前往印度，學習並移譯偉大的佛教經典。事實上，我們今天所瞭解的西藏文化，很大程度上都有賴於松贊干布在這兩位佛母化身指導下所創造出來的成就。

　　基於同樣的理論，薩迦天欽被視為文殊菩薩的化身，夏瑪活佛被視為阿彌陀佛的化身。西藏還有幾十名轉世活佛，也都通過這種方式與各種佛與菩薩建立起了聯繫。◗

第六章
密法、真言與壇城

　　三身法教義開啟了無盡的佛源，其中既有男性，也有女性。法身是任何人都可以到達的神秘之域，一旦到達這一境界，法身就會變成一眼噴湧的泉水，流出無盡的化身。法身可以派出無數的報身和應身，每一個都可以隨時回應修行者的需要。

　　這一教義在密宗得到了全面的引申。在這裡，法身幻化出男女密續主尊，以及他們的壇城、真言等等，每一個都象徵著獲得證果的圓滿修行之道。

　　因此，在密乘中，我們會遇到無數的佛相，每一個都可以當作修持的觀想對象。這些化身中既有很多男性，也有很多女性，還有的則是雙身合運。

　　顯乘在藏語中又被稱為「因乘」。這是因為通過顯乘之道，人可以看見自己的缺點和內心的虛弱，並找出系統根除它們的方法；人也可以看見自己所缺乏的悟性，專注於能夠有助提升證悟體驗的精神修持。總的來說，人可以看見由自己內心的三毒——貪、嗔、癡——所引起的疾病，並且能夠將觀想等精神修持當作系統根治這些疾病的方法。

　　密法的修持方式則大為不同，它非但沒有接受個人及世界不完美這一傳統看法，反而是完全摒棄俗義，以「主尊修持法」取而代之。在這裡，主尊指的是佛。簡單地說就是，修持者在腦海中觀想自己就是主尊，其他人也是密續主尊，世界就是壇城。

密法中超越了顯法基礎的四聖諦：苦聖諦、集聖諦、滅聖諦、道聖諦。這是因為在密法觀想中，壓根就沒有苦的位置，自然也就不需要解脫之道。相反的，修持者可以直接藉由主尊的證悟體驗獲得解脫。

因此，密法有時又被稱為「果乘」（與顯法的「因乘」相對應）。在這裡，修持者不需要自己種下證悟之因，而是直接把自己等同於佛果。

也就是說，修持者只需要採取一種擁有證悟根本的態度和生活方式，然後按部就班照做就可以。主尊修持法可以讓這種方法更有效，你只需要提醒自己：「我就是佛，你也是佛，世界是一個佛的舞台，一切活動都是證悟的交換。」

所有的密宗法系都有自己的《根本續》，大多數都會在一開篇就講到這一法系被傳授的方法、地點、時間和原因。一般來說，內容有點類似於「由釋迦牟尼佛以……的化身……經……的懇請在行遊至第三十三天時傳授」。有的時候，講道者可能是另外的佛，譬如本初佛普賢王如來或金剛總持等。

有的密續法系的來源還伴隨了很多奇特的神話故事。譬如《時輪密續》據說是佛祖釋迦牟尼在印度北部傳授《般若波羅蜜多經》的同時在印度南部傳授的。佛的這種分身之術並不是什麼稀罕事。

亞洲的修行者對於密續起源的奇特性似乎不以為意。不管密法是由誰、在哪裡、為什麼，以及怎麼傳授的，都擁有和佛祖釋迦牟尼的任何教義一樣同等權威。或許是由他本人親自傳授的，或許是由別的大師或化身在他的指示下傳授的，或許是他從別人那裡吸納來的，都無關緊要，藏族人相信，《大藏經》中的每一部密續經文都傳遞了證悟的精神，都完全獲得了佛祖釋迦牟尼佛的

首肯。

密法的梵語是Tantra，字面上的意思是「流」或「線」。儘管不同的密續在認識論上略有不同，方法論上卻都採納了相同的基、道、果體系。「基」指充滿所有未證輪迴眾生心中的本具佛性潛力，也就是說，任何人都有圓滿無瑕的佛性根基。「道」使潛藏的佛性開顯所使用的修持方法。「果」是指修行成就的結果，最終達成心靈與體驗的高度和諧。用無上瑜伽密續的術語來說就是，成就即為大樂與空性的圓滿無阻礙的流動。

密法在梵語中有時又被稱為Guhya mantra yana，意為「密言乘」。在這裡，「mantra」（真言）一詞與「tantra」有著相同的所指，只是認識角度不同而已。「man」是指「心靈」，「tra」是指「保護」，意為密法是由保護心靈不受普通形相的扭曲影響的瑜伽方法（tra）。這種方法可以讓修持者在任何情形下獲得天然的圓滿，而不是被事物的世俗形相所扭曲。

簡單地說，任何熟悉印度宗教傳統的人都知道，真言同樣也是一種音節或詞語組合，可在特定的禪定中作為誦持的一部分。每一個密續主尊都有自己特定的真言，修持者應對其長期誦持和觀想，從而與內在本初自我之流建立起聯繫。每一個密續法系都有一系列與之相關的嚴格的閉關儀式，在此期間應誦咒數十萬乃至數百萬遍各種各樣的真言。譬如，在聖救度母閉關修持中，一般需要誦持真言四十萬遍。

每一種密續法系都有自己的壇城，這些壇城相互間有很多共同之處，但也分別擁有自己獨一無二的特點，代表該修持體系的獨特性。

總的來說，所有密續壇城都由兩部分組成：能依，即壇城主尊，在比較複雜的壇城中，則可能是多個主尊；所依，即供養主

尊的宇宙環境或宮殿。

壇城的梵語為「mandala」，漢譯又為曼荼羅；藏語譯為kyilkhor，kuil指「精華」，「khor」指「萃取」，合在一起就是指觀想能依和所依壇城可以萃取生命、智慧、證悟的精華。也就是說，修持者可以通過將自己、眾生和外在環境的普通形相觀想為能依和所依壇城中的純淨形相來萃取生命的精華。

在壇城修持中，眾生和外在世界都分別被看作是獲得證悟的壇城主尊和虹光似的大樂之域。七世達賴喇嘛曾有一偈，描述這一修持方法：

隨處自觀我即佛，幻身顯現性且空。
安住無相智慧邸，聲如金剛思長樂。

在古代，每一種密續體系都自成為一種完整的修持方法。但是，到了西元六世紀或七世紀，人們便開始將所有不同的密續體系彙集在一起，相互對比，並合併整理成為一個整體。最後，逐漸形成了四個密續部：事部、行部、瑜伽部、無上瑜伽部。這一分類方法為大多數藏族人，至少是為薩迦、噶舉、噶當、拉魯、紮魯、格魯等新譯派所接受。

在這四部中，每一部都有數十種不同的密續體系，每一種都有自己的根本續及後續，以及自己的一個或多個壇城。每一種密續都有自己的主尊、真言，以及相應的觀想方法。此外，每一種密續都有自己的「傳承上師」，這一傳統也正是通過他們才得以代代相傳至今。最後，每一種密續都有自己的法會和灌頂儀式。只有在舉行灌頂儀式之後，新學者才能進入壇城，將自己觀想為主尊。

很多密續法系都將佛母作為自己的壇城主尊。男性修持者也可以和女性修持者一樣，將自己觀想為女相。反之，接受過灌頂，獲准進行佛父壇城的女性修持者，也應該在修持中將自己觀想為男性。

大多數密法修持者都接受過無數的密續法系灌頂，同時擁有男性和女性壇城主尊。因此，密法修持者可能每天都會進行好幾次類似的性別轉換觀想。🝆

第七章
密法

上一章提到，密法修持有時也稱為「主尊瑜伽」，主尊在這裡相當於「佛」。十三世達賴喇嘛（一八七五年～一九三三年）在他的《密法導修》一書中說道：「密法是一種特殊的修持方法，保護心靈不受本能三相的支配，修持者直接從佛果層次開始觀想。這意味著，在密法中，修持者將自己和所有其他人都看作和圓滿成就的佛一樣，擁有四種純淨的品質：完美的形相、完美的溝通、完美的意識、完美的行為。」

他繼續說：「隱蔽的密乘和公開的大乘在佛果、菩薩道、空性見等方面並沒有差別。在這三個領域，顯密之間沒有高下之分。然而，密乘有四個殊勝之法優於顯乘。」

也就是說，十三世達賴認為，大乘顯法和密法擁有三種相同的基質：菩提心，也就是廣大的愛與慈悲這一基本動力；空性見，也就是所有現象的終極本質；以及佛果，也就是成佛的最終狀態。兩者在這三方面是一致的。

接下來，十三世達賴喇嘛又提到密乘相對於大乘的四點殊勝之處：(1)智慧法門更強大，也就是說，密法擁有更好的獲得空性見體驗的方法；(2)方法更廣大，也就是將自己和他人看作是擁有四佛行的佛這一主尊瑜伽修持法；(3)更快捷方便，顯法需要無數次人生輪迴才能證得佛果，而密法則可以即世成佛；(4)尤其適用於那些根器成熟之人。也就是說，密法更深沉、廣大、輕鬆、明

智。大多數的密法修持都以誦持以下兩段偈語開始：

行者皈依直至成正覺，佛陀正法以及聖僧眾。
因作佈施等諸修持故，願證佛境利普有情生。

願眾生永持善因樂果；願眾生永離惡因苦果；
願眾生永享無上大樂；願眾生安住般若定境，
出離愛憎永無疏於親。

透過這兩段偈，密續成就法在開篇就清楚地表明了密法與顯法所共同擁有的以廣大的愛與慈悲為特徵的菩提道。當然，這兩段偈屬於顯法範疇，與實際的密法修持沒有關係，它們只是作為密法修持的準備出現。

在偈語之後，通常還會有一段發願辭：「以此功德願速能，成就……，並將一切諸眾生，安立於同等果境。」在這裡，我們再一次看到了菩薩願（菩提心）。

接下來，一般都會有一段梵語真言：「嗡・梭巴瓦許達・薩爾瓦達馬・梭巴瓦許多杭。」這句真言又稱「觀空咒」，意思是世間萬物皆為空相：「嗡，一切現象的本真特性皆為絕對的純淨（空性）。」

修持者誦唸這句真言，想像外部世間全部化作一片光明，這片光明又化入眾生，眾生也融入光明之中；接下來，這片光明又融入自己，從頭到腳，直至內心，全部融入一片光明之中；直至最後，只剩下無盡的光明，沒有中心，也沒有邊際。

這個過程象徵著我與他、內與外的區別皆為幻象。「我」與世界沒有分別，「世界」與我也沒有分別，一切事物皆相互依存，

不可分離。

　七世達賴喇嘛曾經有過這樣一偈：

　　應化生萬物，萬物皆由心。

　　此心離生死，安住本初性。

⌘ 吉祥天女。

這句真言印證了十三世達賴喇嘛所說的大乘與密乘在空性見上並無不同這一觀點，同時也印證了十三世達賴喇嘛所說的密法空觀優於顯法的觀點。密法空觀既不同於很多被動地遵守明性的空觀法門，也不同於著重分析和質疑的大乘法門，而是直接融入到無限空性的光明之中。在更高次第的修持中，這一「光明」又會呈現出全新的維度。

所有密法導修方法（成就法）都以這一空性見開始，這是密法成功的關鍵所在。在這裡，我們拋棄了普通的、不快樂的、痛苦的、不完美的自己，代之以本初的完美。這只有在完全空性、拋棄自我的情況下才能做得到。我們的生命之所以有限，是因為我們只認得一個渺小的、有限的自我。如果我們能夠拋棄小我，識得證果，將會多麼令人欣喜！我們的態度決定了自我的局限。

因此，密法修煉的第一層次通常都是「自觀」，也就是「重新認識自己」。我們拋下普通的關於我、他人、世界的認識，代之以密乘的圓滿觀想。密乘對於這三者的認識，比我們世俗的小我的認識更接近其終極本質。

如上所述，在自觀過程剛開始，觀想者融入一片空性的光明之中。在密宗術語，這一狀態被稱為「究竟主尊」。也就是說，主尊瑜伽和自觀都來自於無限明性這一源頭，然後，修持者再根據特定的密續體系進行自觀。最後，虛空或光明中生起所依壇城，然後是能依主尊，再然後，觀想者從壇城中升起，顯現出居住在虹光大樂之境中的佛的形相。

第六章中提過，密續分為四部，每一部又包含眾多的密續法系，每一個密續法系都由一位主尊及其壇城所象徵。事實上，每一個法系都是一個完整的證悟方案和圓滿之道。

所有的密續體系都有很多共同之處，同時也擁有兩個修持階

段，即「次第」。第一個次第為「生起次第」，主要是建立起兩種內在修為：「佛慢」和「明相」。任何密續法系的修持者都應當堅持這兩種秉性。前者指的是養成自觀為佛的習慣，也就是把自己看作是所修持法系的壇城主尊。後者指的是養成將他人及萬物看作是本初智慧的明性顯現的習慣。

二世達賴喇嘛曾經解釋過這一次第：「摒棄俗世的人事觀，代之以能依和所依壇城，這便是生起次第的根本所在。」至於密續修持的第二階段「圓滿次第」，不同的法系有不同的法門。在所謂的下三部密續，也就是事部、行部和瑜伽部，第一階段又稱為「有相次第」，第二階段稱為「無相次第」。第一階段主要與培養「佛慢」和「明相」這兩種修為有關。第二階段則主要是將充滿了持續大樂的高度禪定力量轉向體悟各種級別的明性。

在無上瑜伽部，生起次第又稱為「觀想次第」，第二個階段稱為「圓滿次第」。在這裡，第一階段指的是利用佛慢和明性的修持，加上高度的禪定，再集合三個時刻——睡、夢、醒——清除生、死和中陰這三種俗世狀態的蔽障。在這個階段可能會產生類似天眼通、神境通等法力，這一階段的修持基礎就是第六章所提到的能依和所依壇城，以及真言誦咒。

無上瑜伽部的圓滿次第則與輪穴、經脈和能量有關，藉以產生身遠離的體驗，到達最微妙和原初的思想狀態，也就是「明性」。

二世達賴喇嘛曾有一偈：

繼而調運金剛身，二脈入中得明性。
智慧大樂不二生，珍此圓滿次第行。◆

第八章
三寶、三根本
與三種佛母類型

　　密法在四個方面優於顯法，其中之一就是速度和效力。傳統的印度和西藏地區的經文中都表明，通過顯法修成正果需要很多世，如果是通過密法則只需要一世就可以。因此，在西藏經文中經常把顯法稱為恩卓，或是「先行法」。也就是說，密法修持者必須先接受幾年的顯法訓練，才能做好接受密法的準備。

　　既然藏傳佛教將密法看作即世成佛的有效方法，我們也就不難理解為什麼西藏神秘藝術中所供奉的大多數佛母都與密宗有關。

　　用宗教術語來說，佛教徒的定義是皈依佛陀、佛法和僧伽的人。也就是說，佛教徒會從三個地方尋求精神靈感和指引：第一是過去、現在和未來的智慧大師；第二是這些上師關於如何修成證果的法門教義；第三是由有著極高修為、明瞭證悟方法的修行者所組成的團體。這就是顯法的修持方式。這三個皈依之所在，藏語又稱「貢卻松」，即「三寶」的意思。顯法修持者應每天紀念和冥想這三寶，日間三次，夜間三次。密法修持者則會在進行密法觀想前誦讀一遍祈求三寶的經文，以遵循在進入密法修持之前必須先熟悉顯法修持的傳統。

　　然而，在實際的密法修持中，這三寶則被「三根本」取代：喇嘛，也稱本師或上師；本尊，或壇城修持尊；以及護法、勇父和

空行母。藏傳佛教傾向於同時進行顯法和密法的修持，不過，當
我們將兩者分開談論時，則是以三寶指稱顯乘的根本，三根本指
稱密乘的根本。顯法修持者是從三寶中尋求靈性與指引的人，密
法修持者則是皈依三根本的人。

西藏文學和藝術中所出現的所有佛母都包含在上述三個層次的
三根本密乘經文中。

第一組是「上師或本師」。他們是過去和現在，已故的或現在
仍然在世的偉大導師，佛法正是通過這些導師傳承給我們的。

從現在一直追溯至佛祖釋迦牟尼，我們可以看到，在這個譜系
中共有數千名女性。在本書中，我們將重點講述那些在藏傳佛教
中具有特別意義、且為受過佛法教育的中亞人所熟知的十幾名女
性成就者。

她們有的來自古印度，生活在西元八世紀至十一世紀，其中包
括比丘尼拉克須米和瑜伽女尼古瑪；有的來自西藏地區，比如
十八世紀的密法修行者耶喜措嘉和瑜伽女瑪吉拉準，她們及其傳
承在西藏藝術中備受尊崇。

～ 位於西藏卓瑪拉康的度母像。（上圖）

這些女性成就者既是人類的教師，也是佛陀的代表，因此也扮演著皈依佛寶的角色。事實上，作為上師，她們是三寶合一：心靈皈依佛寶，教義皈依法寶，行為皈依僧寶。

第二組佛母是由本尊組成，也即修持本尊。第二部分講的正是這些本尊。正如前兩章所述，這些都是來自密宗四派的壇城本尊，用作觀想和自觀的對象。這些女性佛陀不僅是證悟經驗的體現，同時也是將修行者引導至她們所象徵的證悟境界的工具。由於我們可以通過觀想這些壇城本尊修成證果，因此，這些本尊又代表著皈依法寶，與顯乘中的佛法扮演相同的作用。

第三組則是所謂的護法，即「佛法的護持者」，以及勇父和空行母。這些都是西藏藝術常見的主題，在大多數西藏寺廟中都可以看到他們的造像。

這一組中的護法是一般藏民最常供奉的神明之一，幾乎相當於我們所說的個人守護神。很多家庭都有他們自己的家族傳統護法，其歷史傳承可以追溯到西元七世紀和八世紀的藏王松贊干布或赤松德贊時期，也就是佛教在藏地濫觴之際。自那時起，所有家庭就世代供奉一個特定的護法。儘管在西藏譜系中有成百上千個護法，有的護法卻比其他護法受到更多地供奉。

事實上，這些護法又分為兩種類型：一種是「世間護法」，另一種是「出世間護法」。出世間護法又被看作是佛相。也就是說，他們乃是由佛的法身幻化而來，代表佛的智慧法力，他們的動力來自很久以前所發下的協助和保護獻身證悟之道的人的誓願。有的出世間護法是男性，有的則是女性。其中最重要的一位大概就是吉祥天母，她有二十一種法相。

世間護法並不能包括在佛相中，他們是世間神，來自前佛教時期的印度或西藏地區，由於為佛教儀軌所折服，因此發誓護持佛

法，為修佛之人提供幫助。

對密法修持者而言，護法的作用有點類似於僧伽。正如同僧伽支持、鼓勵和激發顯法修持者一樣，護法也支持、鼓勵和激發密法修持者。

勇父和空行母則是第三根本中的另外兩種神明，有時也通稱為「空行者」。據傳說，他們擁有空間飛行的能力。有的勇父和空行母也被看作是修成證果的佛，擁有本尊的能力，其中包括金剛勇父和金剛空行母。

不過，在第三根本中，勇父和空行母指的並不是佛相或壇城本尊，而是指密法修持者祈誦和供奉的一種類似於護法的男女神明。不過，勇父和空行母並不像護法那樣發過誓願，而是與密法修行者分享著共同目標。◐

第九章
西藏藝術中的繪畫語言

　　所有的神秘藝術都喜歡象徵符號，哪怕只是一個最簡單的符號，也足以抵得過一千個辭彙，傳遞著語言所無法觸及的深層體驗。密宗也將這一基本原則發揮到了極致，發展出一整套用以闡釋其宗教涵義的藝術語言。即使是一張小小的繪畫，其間的象徵意義也足以寫成一部卷帙浩繁的巨著，神秘的符號無處不在，充盈在每一筆劃之間。

　　任何一個接受過西藏傳統宗教訓練的人，在看到一件密宗藝術品時，都可以從這些密碼中獲得無數的潛在資訊，而不僅僅只是諸如傳承、年代等訊息。這些神秘符號會把觀者帶出人類的世俗界，進入天地和諧的永恆地帶。在這裡，觀想所見將充盈全身，將觀者帶入大樂、光明、不二性體驗的至高境界。觀中所見永遠優美、和諧、強大、圓滿，即使實際的畫像是一尊忿怒的壇城主尊，也仍會將觀者引入一個優美與高度和諧的所在。

　　密宗繪畫中最常見的一個象徵就是蓮花，其有兩個象徵意義。

　　第一個意義是代表空性智慧。在一次公開聚會上，弟子要求佛祖說法，佛祖不發一言，只是拈花微笑。在這裡，花代表教義。我們看到花，只會覺得它是一朵花，有著一些「花的特徵」而已。然而，事實上，一朵花是來自於另一朵花的種籽，這粒種籽

汲取了遠洋雲朵上滴下的雨水，沐浴了天際的陽光和星光，呼吸了來自四方的清風，攝取了土壤中的養分，這些土壤則是由數百萬年前祖先的屍骨和來自撒哈拉的塵埃所組成。事實上，那朵小小的花中有著整個宇宙的痕跡。看到花，我們不會想到「陽光」、「遙遠沙漠的塵埃」、「祖先的屍骨」，或是「印度洋的海水」，我們只會想到「花」。但是，當我們細細地看一朵花，卻可以看見無限，「花」本身僅僅只是一個名字和標籤。任何一個受過密宗訓練的藏族人在看到畫中的花時，都會感受到這一象徵意義。

其次，蓮花也用來代表產生於空性智慧的慈悲。西元四世紀的印度大師無著，曾經在《空性論》中這樣描寫過彌勒佛：「蓮花

🐚 一名西藏畫師正在繪製巨大佛像背後的壁畫。

出淤泥而不染。菩薩居於塵世，同樣也不惹半點塵埃。」慈悲促發誓願，智慧則保證了精神的自由。這裡的意思是，菩薩來到塵世普度眾生，與出淤泥而不染的蓮花一樣，完全不為世間的塵埃所障眼，不因表面的美麗而喜，不因表面的醜陋而惡，不因表面的邪惡而嗔，智慧讓他得以看透一切事物的空無與無限的本質，不會像無明之人那樣遭遇精神的扭曲、玷污和腐化。

通常在畫中，主尊頭頂的天空中會繪製一個太陽和月亮。在顯法中，太陽代表女性的空性智慧，月亮則代表男性的方便、慈悲和善巧。在密法中，太陽代表我們從女性祖先那裡繼承的一切（在身體中則是由七萬二千條陰性微細支脈所代表），以及心靈的光明秉性；月亮則代表我們從男性祖先那裡繼承的一切（在身體中則是由七萬二千條陽性微細支脈所代表），以及心靈的大樂能量。

密續主尊通常站立在一個三層法座上：最底層是一朵蓮花，第二層為一面日輪，最頂層為一面月輪，其象徵意義同上。要把自己變為觀中主尊，我們必須站在大樂、光明和不二性（即蓮花）的堅實根基上，體驗空性智慧所帶來的自由，啟動七萬二千條陰性微細支脈，並與之和諧一體；同時感受溫暖清新、無處不在的柔和光線，啟動七萬二千條陽性微細支脈，並與之和諧一體。

同樣的，自觀中的壇城主尊的每一個特徵，也都是一種象徵性的語言。在能夠解讀這一密碼的人眼中，主尊的每一個體姿、每一件飾品、手中的每一件法器、腳下的每一個生物、周遭的每一個隨從，都傳遞著秘密的奧義。手中的劍代表斬斷俗相，堪破本真的能力。空行母手中的盈血顱器（噶巴拉碗）代表短暫人生中無所不在的殊勝大樂，只要啜飲碗中的鮮血，就可以體驗到這一潛能；金剛鉞刀象徵切斷我執；雙腿盤曲意指完全禪定；一條腿

向內盤曲，一條腿向前舒展，代表半禪定半入世。如此等等，不一而足。

最能體現這一秘密語言之奧義的，莫過於手印。佛的雙手代表著證悟體驗的秘密封印，正如同蓋上國王印章的信函可以賦予我們通行的自由一樣，這些手印也如同佛境的印章，賦予我們穿越證悟之境的自由。在密宗文獻中，對於每一個手指的位置都有詳細論述。

與形相和內容一樣，顏色在密宗藝術也同樣扮演重要的角色。白色代表水、純淨，是一切形相之源；因為所有生命都源自於水，水可以淨化一切，所有的形相都是在本初心靈的潔白畫布上繪製出來的。黃色代表土，支撐著所有的生物，代表增加的力量。紅色是火，代表改變的力量，等等。顏色和形狀一樣，傳遞著情緒和意義。

色彩療法被廣泛地用於密續觀想中。譬如，與長壽佛母白度母有關的長壽修持中，修持者就需要一邊誦咒，一邊觀想全身所有的內部器官都沐浴在五彩光線和甘露中：首先是白色，然後是黃色、紅色等等。據說這一色彩療法可以啟動體內的化學物質，治癒潛在的疾病，讓身體更加愉悅健康，從而為心靈和生命力提供更好的滋養。●

〜 **四臂觀世音**　布本設色唐卡　18世紀　77釐米×39釐米

唐卡上的四臂觀世音跏趺坐，戴五葉冠、飾瓔珞，從舍放光芒，中央二手持摩尼寶珠合掌於胸前，代表智慧與方便合一雙運；右手持水晶念珠，代表菩薩度眾之願循環不息；左手持蓮花，代表菩薩無數清淨化身。整尊觀音安詳坐於大瓣仰覆蓮台上，身後滿佈祥雲彩光，頭頂上方則是一尊彌陀無量光佛。四臂白觀音本尊身顏皎白如月，面貌寂靜含笑，以菩薩慧眼凝視眾生，凡被其觀者盡得解脫。

在唐卡中，四臂觀世音像通常所含寓意豐富：一頭表通達法性，四臂表四無量心，身白色表自性清淨無垢，不為煩惱、所知二障所障。頭戴五葉冠表五智。五色天衣表五方佛。紅色綢裙表蓮花種姓，妙觀察智。耳環以下為六種莊嚴表六度。瓔珞第一串繞頸表不動如來由禪定成就而來，第二串及胸表寶生如來由佈施成就而來，第三串及臍表不空成就如來由精進成就而來。全身花蔓莊嚴表萬行。雙跏趺表不住生死，手印表不住涅槃。

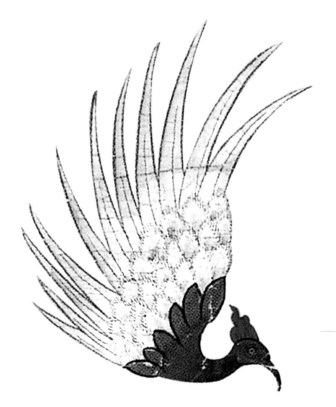

第十章
西藏藝術的故事

　　遠古時代的西藏，傳統應該屬於一種泛亞薩滿文化。這種傳統為許多中亞文明所共有，其中也包括一萬五千年前至二萬五千年前移民至北美洲的土著居民，他們從西藏－蒙古腹地將這一文化帶到了大洋彼岸。兩者在宗教符號上有很多相似之處，譬如「萬」字標記和沙畫等。時至今日，在西藏的藝術和生活中，仍然可以見到這一史前文化的遺跡。

　　後來，藏族人又逐漸在他們的薩滿傳統基礎上，吸收了強大民族的文化。西藏地處亞洲的中心，四周環繞著好幾種發達的封建文明。西邊是古波斯王國，早在西元前四千年，藏族人就已經開始受到波斯宗教的影響，並在此基礎上發展出自己的「苯教」傳統。到西元一世紀左右，苯教席捲了整個中亞高原地帶，成為西藏大多數地區的主要宗教。

　　其次，東邊為繁榮的唐朝。西元前二千年左右，藏族人就已經開始通過戰爭和和親，從內地吸收各式各樣的傳統文化。

　　第三，南邊為印度。雅魯王朝的第一任國王就極有可能是來自印度的流亡者，他的名字叫做聶赤贊普，生活在大約西元前四世紀。據說將中亞部落聯合在一起，並建立吐蕃王國的藏王松贊干布，正是他的第三十三代傳人。

　　最後，絲綢之路環繞著西藏，一直向北延伸，穿過唐朝和波斯，一路往西，直達埃及。西藏北部，沿著這條絲綢之路誕生了

～ 拉薩羅布林卡中的沙畫。

很多城邦，穿越東西方的沙漠商旅會在這裡休憩養息、補充糧草，然後再次踏上旅途。藏族人無疑也會經常與他們貿易，有時甚至還會佔領一兩座類似的城市。

早在佛教出現於印度之前，西藏就已經開始從這些文明中吸收養分。不過，自西元前三世紀開始，印度阿育王發起的文化交流，佛教開始沿著絲綢之路向外傳播，進入了中亞地區。西元七世紀中期，松贊干布統治時期，佛教正式成為西藏的主要宗教。

正如之前所說，藏王松贊干布有兩位傑出的妻子，一位來自尼泊爾，一位來自唐朝，她們鼓勵他皈依佛教，並將佛教確立為吐蕃王國的主要宗教。松贊干布在拉薩為兩位妻子建造了兩個宏大的寺院——大昭寺獻給尼泊爾公主，葉莫切寺獻給文成公主。除此之外，他還下令在王國內的一百零八個主要聖地建造寺院和紀念碑。

要開展這一系列建築活動，自然少不了大量的畫家、工匠和建築工人，他們大都來自尼泊爾和唐朝，以及其他佛教國家和地區，如北部的和闐、西部的喀什爾等。藏族人與他們一起工作，並從他們那裡接受知識和訓練。

西藏今日的藝術傳統，在很大程度上都來自於松贊干布時代。他的兩個後代——八世紀的藏王赤松德贊和後來的赤惹巴千——也同樣為西藏的佛教文化做出了極大的貢獻。因此，在這一時期，西藏的佛教藝術得到了飛速的發展和傳播。藏族人把這一時期稱為「三法王黃金時代」，所有起源於這一時期的藏傳佛教傳承，都被稱為寧瑪派或「舊譯派」。

西藏佛教藝術的第二個黃金時代，出現在十一世紀的宗教復興時期，在這一時期，西藏開始出現風行全藏的寺院文化。儘管在這之前，西藏已經修築了好幾座寺院，但規模都相當有限，寺院

中的僧侶也大都從貴族家庭選拔而來，他們更像是藏族的福神，而不是傳統意義上的傳法者。

早期的藏傳佛教中，傳法的形式更類似於苯教，只在家族成員之間進行。佛法只傳給家族內部成員，靜修所也建築在家族附近的山上，任何想要學習佛法的人都必須先拜見家族族長，懇請成為該家族的門徒。一旦獲得接納，就類似於被家族所收養，從此進入了該家族的族譜。

寺院建築活絡藝術活動

十一世紀的宗教復興，為西藏的社會生活和藝術帶來了翻天覆地的變化。這一浪潮首先開始於西部，由偉大的仁欽桑布譯師發起，並發展到了整個藏地。繼仁欽桑布之後，這一浪潮的另一個最為重要的人物，就是來自古印度薩訶羅國（今孟加拉達卡地區）的阿底峽大師，他在仁欽桑布的感召下來到西藏。他就是拉薩附近著名的度母寺的建造者。阿底峽的大多數嫡傳弟子都成為了僧侶或是覺姆，在西藏各地建立各種寺廟和靜修所。他的大弟子仲敦巴儘管並不是僧侶，但是卻建造了拉騰寺作為阿底峽傳承的法座所在。這一起源於阿底峽和仲敦巴的傳承，便是後來的噶當派，又稱「口傳派」。仲敦巴也成為另一個被視為達賴喇嘛前世化身的歷史人物。

與此同時，瑪爾巴譯師也在南部的洛達地區發起了自己的小型復興運動。儘管他本人及其主要弟子都不是僧人，但是他的大弟子密勒日巴卻決定讓僧人岡波巴擔任瑪爾巴傳承的繼承人。岡波巴在達瓦波建造了一座寺院來延續這些傳承，由此便誕生了噶舉

覺、仲師徒像局部 布畫唐卡 17世紀 103釐米×68.5釐米
這幅唐卡繪有阿底峽和仲敦巴師徒二人，此圖為局部，圖中所示為此唐卡畫面上的阿底峽像。覺即覺沃傑白登阿底峽，仲即仲敦巴。阿底峽在西藏進行傳教活動的十多年中，跟隨其學習佛法的弟子很多，其中以仲敦巴、雷必喜饒最為著名。仲敦巴於1057年修建熱振寺，雷必喜饒於1073年在拉薩河南岸修建桑浦寺。在藏區各寺院中，常能見到這師徒三人的塑像和畫像。

派，又稱「耳語傳承派」。岡波巴的四個主要弟子也全都是僧人，他們分別建造了自己的寺院。其中一位弟子帕嫫德魯巴又有八位主要弟子，同樣也是僧人，他們又分別建造了八座寺院來延續自己的傳承，由此就誕生了四大老噶舉派和八大新噶舉派。

與此同時，藏西南衛藏地區的昆氏家族也決定從印度尋求新的密續。在這之前，昆氏家族始終信奉著寧瑪傳統。昆氏將貢覺傑布派往印度，師從卓彌譯師。回藏以後，貢覺傑布在薩迦山建立了薩迦寺，最終發展成為薩迦派。薩迦派從這裡開始發源，並逐漸壯大，成為西藏生活的主流力量之一。薩迦派之所以如此成功，大概就在於它將家族傳承的苯教和寧瑪傳統與這一時期興起的寺院傳統結合在一起。薩迦派的領袖一般都不是僧人，法王權位也是通過世襲而不是依據個人成就推舉出來的。這一傳統一直延續至今，在中亞地區，薩迦寺廟比薩迦平民聚居地更加常見。

這三大教派——噶當、噶舉、薩迦——在十一世紀的誕生以及他們所掀起的寺院文化熱潮，導致了這一時期建築的蓬勃發展，各地紛紛建造各式各樣的僧院、寺廟和靜修所，畫家、工匠和建築師再度成為藏地炙手可熱的人才，西藏藝術得到了飛速的發展。與三法王黃金時期一樣，這些人才大都是由印度、尼泊爾、喀什米爾和中原地區輸入，不過，在這時，西藏也已經培養了很多藏族自己的佛教藝術大師，並且在所有藝術領域中扮演了日益重要的角色。

十三世紀是西藏藝術發展的另一個重要時期。在這一時期，發生了兩件大事。第一件是印度被來自阿富汗和波斯的穆斯林侵入，直接導致了佛教的衰落。另一件大事則發生在半個世紀以後的東亞，蒙古迅速崛起成為超級大國。蒙古人一直把藏族人看作是自己信仰上的兄弟，在建立元朝政權之後，開展了大規模引進

藏傳佛教的活動。馬可・波羅也正是在這時來到中國,在這裡遇見了薩迦派喇嘛秋吉八思巴,後者後來成為忽必烈的上師。

漢、藏藝術交流

元朝時,全國興建了成千上萬座藏傳佛教僧院和寺廟。蒙古統治者從西藏延請藝匠和建築師來監督工作,無疑對中國藝術的發

拉薩的按尼桑庫覺姆寺內,八位覺姆正在誦持經文。十五世紀初,宗喀巴的六位女弟子在這裡的山洞內閉關禪修,獲得證果,後來便於此修建了這座女性禪修所。

展產生了巨大的影響。同樣的，蒙古族、漢族的藝術傳統也對西藏藝術產生了很大的影響。在建築竣工之後，大多數藏族藝術家和建築師回到自己的家鄉，但是，他們在中原所見所聞的豐富藝術形式，以及蒙古人從歐洲及朝鮮收集來的很多藝術珍品，都毫無疑問地對他們的作品產生了潛移默化的影響。他們不僅體驗到

～ 在布達拉宮朝聖的三代女性。

全新的靈感和材料，而且還學會透視法。透視法曾經改變文藝復興早期的歐洲藝術，那時，它也同樣改變了西藏藝術。

西藏藝術史學者有時也把這一時期稱為薩迦時期，因為在這段時間，衛藏地區的薩迦喇嘛在西藏處於主導地位。這當然是因為忽必烈拜秋吉八思巴為師的緣故。然而，這一建築運動中的藝術家卻來自西藏各個地區和藏傳佛教的所有派別，因此，他們的經驗也對整個西藏地區產生了影響。透視畫法現在幾乎成為所有西藏藝術家的必須技法。

當然，在這之後，西藏藝術還經歷了數個發展階段。譬如，被羅伯特・舒曼稱為「兜率運動」的建築風潮，這一風潮發生在十四至十七世紀期間，宗喀巴和一世達賴喇嘛顯世之後。曼娘派、曼薩爾派及噶熱派等藝術流派也都出現在這一時期。瑟曼將這些藝術上的發展看作是藏族人對於生命的觀想，以及對兜率淨土嚮往的延伸。當然，他的理論也不無道理，正如這些藝術派別也各有千秋一樣。

還有清順治九年（一六五二年），集西藏藝術之大成的布達拉宮開始重建，這極大地推動了圖庫（轉世活佛）傳統及拉章的建設，這些拉章也就成了各地區藝術品的主要贊助人。今天，如果我們評價一件藝術作品具有「拉章品質」，就表示它是為過去某個時期的轉世喇嘛的私人官邸所作，也意味著這件作品是由當時最優秀的藝術家所創作，使用的也是最上等的材料。同時，藝術家自己也知道，他的作品將會獲得藝術的永生。這件作品將會被供奉在活佛的拉章中，這位活佛的所有後世也都將繼續珍視它，把它當作傳統的一部分。藝術家的名字也將會進入拉章簿，也就是《拉章官方記錄》，與他們的作品一起，持續利益後世眾生。

轉世活佛一直都是西藏藝術的最大支持者。很多活佛從孩提時

代起就開始研究藝術，並且一生都將唐卡繪畫作為自己的觀想工具。當然，很少有活佛能夠有時間或精力成為真正的藝術家——青年時代，他們把絕大多數時間用在宗教學習和瞭解各式各樣的傳承上；成年時代，他們又把絕大多數時間用在觀想、講法和傳承佛法上。儘管如此，幾乎所有的活佛仍然會對自己在藝術領域的知識和贊助成就感到自豪。◗

二部

唐卡中的佛母

第十一章
聖救度母

聖救度母可以說是藏地最著名的佛母，整個中亞地區，幾乎每一座寺廟都可以發現她的身影。毫無疑問地，她之所以如此盛名遠播，與她和觀世音菩薩的神話淵源不可分。後者被看作是大慈大悲的菩薩，是西藏的守護神。

聖救度母：諸佛之母

西方關於聖救度母的書籍也有很多。史蒂芬・貝爾（Steven Beyer）的人類學研究著作《度母供奉：西藏神秘儀軌》，首次對聖救度母及其在藏傳佛教文化的地位進行了深入研究。貝爾根據他在印度喜馬恰爾－布拉代什州（Himachal Pradesh）大吉鎮竹巴噶舉寺廟所觀察到的各種類型的祈禱儀軌，對度母傳統進行了深入研究。另一本重要的研究著作則是馬丁・威爾遜的《禮讚度母：獻給聖救度母的歌》。威爾遜對與度母有關的所有印度和西藏地區的主流經文展開了深入研究，其中包括《根本密續》全書三十五章的內容簡介，並對佛教徒對待度母的態度與西方人對待聖母的態度進行比較。在這裡，我們將僅為普通讀者和藝術愛好者作一些粗略的講解。

聖救度母有很多尊號，其中之一就是rGyal-bai-yum，意為「勝者之母」，通常也譯為「諸佛之母」。在這裡，藏語中的rGyal

相當於梵語中的Jina（耆那），是佛陀的同義詞。佛可以被稱為
耆那，或「勝者」，因為他或她戰勝了情感和認知的扭曲，獲得
世俗和勝義兩個層面的真如實相。此外，佛之所以被稱為「勝
者」，還因為他們戰勝了四大魔羅，即煩惱魔、蘊魔、死魔、天
魔。度母的另一個尊號是「如來之母」，如來的意思是「如同原
來」，和「耆那」一樣，都代指佛。《度母根本密續》中使用了
「如來之母」這一尊號。

　　事實上，「諸佛之母」這一尊號通常用來指稱兩位佛母，一
個是聖救度母，另一個則是般若波羅蜜多佛母（簡稱「般若佛
母」），意為「智慧圓滿」。兩者都被稱為佛母，淵源卻各不相
同。

　　相對來說，由於《般若波羅蜜多經》的緣故，大多數人可能對
般若佛母更熟悉。藏傳佛教經典中一共有四十二部不同的《般若

佛母經》，全部都由梵文直接翻譯而來，因此，有關般若波羅蜜多的知識已廣為人知。此外，般若佛母的畫像在中國、韓國和日本也極為盛行。

　　儘管藏人也暸解般若佛母，並且同樣冠以「佛母」的尊號，但是她卻並不是他們觀想修持的常見對象。這大概是因為她主要被視為顯法中的智慧象徵，而不是密法中的觀想本尊，因此，她主要是屬於普通的顯法，而不是深奧的密法。

　　般若佛母之所以被視為「諸佛之母」，是因為所有修成佛果的人都需要經過勝義智慧的法門。智慧有很多種，梵文中對於能夠帶來證悟的勝義智慧，用的是「般若」一詞。只有這種智慧，才能產生佛境。正如同世俗上所有小孩乃是由母親產出一樣，所有求得證果的人也都產生於般若智慧。般若佛母正是這一智慧的象徵。

　　正如八千頌《般若波羅蜜多經》中所言：

正如母親誕生子女，超覺智慧誕生佛陀。

　　「諸佛之母」這一尊號同時也用於指稱聖救度母，因為聖救度母是佛業的象徵，因此，又被稱為「佛業母」。般若智慧可以帶來證悟，佛業才是推動這些智慧得以誕生的真正力量。

　　佛業產生於三身法。正如第五章所說，法身是所有修成證果的佛陀所持有的一種超越形相的智慧境界。此外，佛還會從超越形相的法身發散出報身和化身，以利益眾生。這三種形態，統稱為「三身」。

　　因此，佛業中的「業」，與我們論及世俗者的因果輪迴圖中的「業」（因緣），涵義有所不同。佛業中的「業」指的是修成證

果之後的行為，也就是普度眾生，令他們精進修持，以至證得菩提的行為。因此，佛業通常又譯為「佛力」、「佛行」及「菩提行」。西元四世紀的印度大師無著曾這樣描述過佛業：

世間無處無法身，
亦無著相亦無形。
一切因緣皆自此，
普度眾生證佛行。

又：

日色無著生麗彩，
蓮華吐綻諸種萌。
因緣本來自佛心，
眾生精進菩提成。

意思是佛的法身無處不在、無往不及。上偈中，法身被喻為太陽，佛業就好比太陽散發出的光芒。法身散發出無盡的智慧能量，如同太陽光一樣無處不在、無往不及，而聖救度母就是這種無處不在、無往不及的佛業的化身或象徵。

無著大師的偈語說明，佛業激發了存在於世間的從最微小到最複雜的所有善因。佛業可以激勵一個人以餅屑餵食螞蟻，將蚯蚓從燥熱的石板路上救起，去愛一個寵物，或是相互以禮相待；同樣也可以激勵一個人踏上涅槃之道，精進修為，最終得見般若智慧，修成圓滿證果。也就是說，只有通過佛業，眾生才能夠為他們的修持和精進創造善因，也只有通過這一善因，他們才能最終

得證菩提。

我們已經說過，般若佛母之所以被稱為「諸佛之母」，是因為她象徵著令所有修成佛果的人最終得以證悟的勝義智慧。同樣的，聖救度母之所以被稱為「諸佛之母」，則是因為她代表了推動眾生精進修為，以證菩提的佛力。般若佛母主要與顯乘有關，聖救度母則主要見於密乘修持中。

大多數修持度母儀軌的人都會通過誦咒口訣，首先令自己化入無限或空性中，進而建立一種自己就是聖救度母的自我認同，從無生無滅的永恆之光中生起。從進入佛境，到將其引入個人的生活，整個誦咒過程都是通過自觀為聖救度母來實現的。

可以說，聖救度母和般若佛母是彼此之母，也可以說她們事實上是以兩種不同形式顯現的同一佛母。聖救度母通過般若佛母所象徵的勝義智慧證得菩提；般若佛母則通過聖救度母所象徵的佛業證得菩提。事實上，在古印度典籍《度母一百零八相釋論》中，度母又被稱為「般若波羅蜜多天女」。

有的西方學者在論及藏傳佛教時，喜歡把度母作為「諸佛之母」這一傳統與西方天主教中聖母瑪利亞作為「天主之母」的傳統相提並論。事實上，這種類比是非常膚淺的。瑪利亞之所以被稱為「天主之母」，是因為她在生理上誕下了基督，而基督被看作是天主，她是「被賜福的女人」，因為她被「賜予了孕育於子宮之果實」。「天主之母」這一稱號完全是來自於她作為人類母

木雕書封 13世紀 （上圖）
左首為菩提佛母，其左手邊為五位禪定佛。這個書封極有可能是三大《般若波羅蜜多經》之一的封面，這三大《般若經》分別有十萬頌、二萬五千頌及八千頌。藏族人通常持有最後一部，以作祈禱之用。每年藏族人都會邀請一群喇嘛或覺姆到家中，高聲誦讀八千頌。

親的身分，以及她誕於人間的孩子。

　　然而，度母則並沒有在生理上誕下任何後來被視為神佛的孩子。相反的，藏族人與度母的關係，事實上是一種觀想關係，其核心在於修持者將自身觀想為度母的過程。修持者放棄本來的自己，代之以「我就是度母」的觀想。觀想之後，修持者就會通過誦咒連接佛業的廣大長河，並利用它得到度母的庇護。

　　和大多數密法修持一樣，正確的聖救度母誦咒和觀想可以帶來兩方面的影響：即世俗諦上的和勝義諦上的影響。世俗諦上，修持者可以通過與佛業的聯繫，獲得健康、幸福、富裕和成功；勝義諦上，修持者可以將佛業作為獲得證果的推動力量。聖救度母也正是因為這兩方面的原因而被稱為「諸佛之母」，前者是後者的基石，她代表著無所不在的廣大佛業或法力，可以令世俗的條件適於精神的修持，最終達到成佛的終極目的。因此，她又是每個修持者個人證悟的母親。過去、現在及將來，修成證果的所有人都曾經、正在或將會獲得並利用這一無所不在的佛業能量。

　　在西藏藝術的繪畫語言中，色彩是一個很重要的要素。作為「諸佛之母」和佛業象徵的聖救度母通常被繪作綠色，綠色代表著能量，是萬物之源；綠色同樣也是不可捉摸的風元素，是推動意識從此生前往彼生的主要力量。因此，聖救度母也以綠身示人，因為佛業也是通過這種微妙的能量或「風」傳遞的。

西藏的聖救度母傳奇

　　藏族人對聖救度母的癡迷源於他們對神話的熱愛，以及這些神話與他們的歷史之間的深厚淵源。

　　有關聖救度母的神話，在《聖救度佛母二十一種禮讚經》中也

〰 **綠度母**　布本設色唐卡　19世紀　103.5釐米×67釐米

綠度母身綠色，左手拈一朵蓮花，左腿單盤，右腿向下舒展，腳踏在一朵蓮花上。綠度母頂上的寶冠鑲著紅寶石，紅寶石代表其精神之父為阿彌陀佛。大多數綠度母都呈少女狀，體貌絕美，全身猶如翡翠，綠意盎然。綠，代表生命和希望，是人類一種生生不息的創造力量，將一切陰鬱和絕望的色彩排斥在外。綠度母上界還繪有無量光佛、藥師佛及阿彌陀佛；下界則繪有手持金剛菩薩、四臂觀世音和吉善金剛。

有記錄，本經文節選自《度母根本續》第三章。一世達賴喇嘛在
閱讀前人的藏文譯本時，曾為其撰寫釋文。他首先引用了梵語經
文，然後又對其加以詳細闡釋：

> 敬禮救度速勇母，目如剎那電光照。
> 三世界尊蓮華面，從妙華中現端嚴。

他在釋文中寫道：「相傳大慈大悲觀世音菩薩於無量劫前，窮盡所有法力，以利益有情。然眾生度不勝度，菩薩因此悲憫落淚，淚滴成海，海中生出蓮花，蓮花中央坐著聖救度母，面容綽約，宛若承載著數百萬朵蓮花的丰姿。

「因此，所有佛陀的慈悲都化作佛業之泉，聖救度母的形相也由此誕生。她對大慈大悲觀世音菩薩說：『大士不必灰心！度生之事業，便由我來協助大士吧！』話畢，她的雙眼即閃出一道光芒，掃視三界眾生。」

這個簡單的神話，經過一世達賴喇嘛平實的釋義，在藏族人眼中卻具

聖救度母　15世紀　高12.7釐米　青銅　（上圖）

有好幾層涵義。從宗教寓意而言，觀世音菩薩是慈悲的象徵，他努力想要解脫眾生苦難，但是卻鮮有進展。度母代表證悟事業，只有當慈悲引發了證悟的行為，才能在抗擊苦難的戰爭中扭轉乾坤。慈悲是必須的首要動力，但是要讓慈悲帶來大樂，還需要將其與有效的行動結合才行。

從歷史神話的層面來看，藏族人相信他們與觀世音和聖救度母的特殊淵源可以一直追溯到遠古時代。在人類出現於地球前，觀世音菩薩還只是一隻居住在西藏雅隆河谷的獼猴，度母則是一個居住在附近岩縫中的雪域女魔，久而久之，兩人成為了朋友，最終並相愛結合，生下了最早的六個人類。這個古老的西藏傳說，遠遠早於達爾文關於人類是從數千年前的猿猴進化而來的理論。

自此以後，觀世音與聖救度母便開始合力普度藏地眾生，將他們引上證途，並在西藏歷史的轉型期以不同形相出現。這種特殊的關係，尤其見於七世紀中期，松贊干布王將整個西藏統一於其麾下，並分別從尼泊爾和唐朝迎娶了一位佛教公主，在她們的幫助下，將佛教確立為西藏的主要宗教。

藏族人把松贊干布看作是觀世音的化身，兩位佛教公主則分別是聖救度母的兩個化身。

到了十一世紀，觀世音和聖救度母又再次喚醒了西藏的偉大復興。發起此次復興的是傑出的印度大師阿底峽尊者，他是在聖地菩提伽耶聽到聖救度母的石像向他說話之後，才答應前往西藏宣講佛法的。其時，度母告訴他，西藏之旅將會縮短他的壽命，但卻會對佛法事業有著無法衡量的利益。

因此，阿底峽啟程前往西藏，在那裡講法十三年後圓寂。他最出色的一個門徒是仲敦巴尊者，被視為觀世音的化身。仲敦巴尊者將阿底峽尊者的教義整理成集，並廣為傳播，使得它們成為藏

傳佛教所有派別的基石。

大約三百年後,觀世音又再次現身,這一次是為後世所熟知的一世達賴喇嘛。自少年時代起,一世達賴喇嘛就將觀想聖救度母作為最重要的每日修持,成年後,他又將這一修持儀軌更加發揚光大。後來,他不幸感染了一種嚴重的疾病,所有醫生都束手無策,所有人都憂心忡忡。

他開始嚴格閉關,修持白度母長壽瑜伽。這次閉關非常成功,他很快地便復原了,並成為當時最偉大的喇嘛,他的成功也為後世喇嘛的成就奠定了基礎。從此以後,所有的達賴喇嘛都被認為是觀世音的化身,他們都通過觀想和誦咒與聖救度母保持著特別的精神聯繫。

藏族人將這些故事以及歷史上的許多類似事件與觀世音和聖救度母聯繫在一起。他們相信,在過去的一千多年,觀世音和聖救度母共同普度、救濟西藏眾生,並助他們證得菩提。在未來,他們仍將這麼做。因此,我們可以說,觀世音菩薩是藏族人最喜歡的佛父,聖救度母則是他們最喜歡的佛母。

當然,他們相信這兩位佛陀的事業並不僅限於西藏地區和藏族人,他們只是認為自己與這兩位佛陀有著更強的因緣聯繫,因此也更容易受到他們的加持和賜福。

度母在西藏藝術中的常見形相

度母代表著佛業或菩提行,但是這些現象本身並沒有固定的表達形式,因此,世界上的度母形相可以說是無窮無盡的。

藏族人對三種不同的度母觀想和誦咒有著特殊偏好,這種偏好又鮮明地體現在西藏藝術作品中。這三種形相包括:綠度母、

二十一度母和救八難度母。

　　綠度母是聖救度母的主要形相，也是藝術作品中最常表現的度母形相。每一個藏族人都非常熟悉綠度母的基本誦咒和祈禱文，在每個月的新月、半月和滿月之日都會進行度母修持。

　　二十一度母同樣也非常重要。大多數西藏寺廟每個月都至少會舉行一次二十一度母儀軌，通常是在半月或滿月之日。其藝術和宗教傳統一般都基於梵文的《聖救度母二十一禮讚經》。

　　最後，我們還將介紹救八難度母。本書所收錄的救八難度母唐卡全部為單人像，每一幅分別描繪了其中一難度母。度母救八難的傳說源自《度母根本續》第八章。

　　除了以上三種主要的形相外，值得一提的還有七眼白度母。這是常見的用於長壽修持的度母形相，由一世達賴喇嘛所修習及推廣，也是最常通過「次旺」（長壽灌頂）法會進行公開灌頂的度母形相。

　　最後，還有無數關於八臂度母的版本，這種形相更多地與無上瑜伽部，而不是上文所述的事部瑜伽有關。事實上，無上瑜伽部還有一種二十一度母版本，所有二十一個度母都有八隻手臂。

聖救度母

　　在《聖救度母導修》儀軌中，一世達賴喇嘛寫道：修持者首先令自己化入無限或虛空，然後以聖救度母的形相，從這片廣大的光明之境中生起。之後，修持者還要進行各種自觀為聖救度母的練習，同時誦咒真言，以達成所想要達成的目的。

　　在另一篇《聖救度母導修》中，一世達賴喇嘛還詳細講解了誦咒的八種用途：（1）養氣；（2）賦能；（3）利智；（4）揚名；（5）祛病；（6）消災；（7）靜心；（8）驅魔障。

這幅唐卡中，主尊位就是聖救度母。面相嫻靜，通體碧綠。周圍坐著一〇〇八個各種形相的小度母，代表度母的佛業在世間顯現，利益眾生的數千種方式。座下為八頭獅子（圖中只能看見兩頭），意指度母具備八種證悟品質，譬如無畏。

度母的右手結「與願印」，象徵觀想和誦咒可以滿足眾生快樂、健康、財富以及天眼通等世俗成就。

左手結「皈依印」，象徵她的觀想和誦咒可以庇護佛陀（智慧）、佛法（知識）和僧伽（和諧）；以密宗的術語來說，就是象徵她集上師、本尊和護法三種功能於一身。雙手各持一朵青蓮花，意指修持者也可以在日常生活中體驗到她在密續傳統中的美麗和純淨。

度母的右腿向下舒展，結半跏趺坐，表明度母修持者並不會遠離世間事務，反而積極參與其中。左腿單盤，結禪定坐，表示儘管度母修持者積極入世，但是心靈卻永遠處於禪定的均衡狀態。正如一世達賴喇嘛所說：

證寂悲亦依他起，沉溺苦海諸有情。
悲手速疾作濟拔，悲愍已能到究竟。

上界正中坐著的是阿彌陀佛，因為度母屬於阿彌陀佛所象徵的蓮花部（事部三「出世部」之一）。下界為半怒作明佛母，呈舞姿。

與大多數事續部壇城本尊一樣，度母也通常被繪製得面容極為年輕，大約十六歲左右，這是因為般若智慧不僅可以賜予人精神上的活力和歡愉，也會讓人容顏常駐，行如剛剛成熟的少女。

聖救度母　布本設色唐卡　17至18世紀　154釐米×98釐米

二十一度母

在一篇二十一度母修持儀軌釋文中，一世達賴喇嘛曾寫道：「在三十五章的《諸佛之母度母禮讚經》第三章，就是著名的讚頌二十一度母的經文，儘管本經文屬於密續事部，但是這二十一禮讚經也可說與無上瑜伽部有一定聯繫。」

也就是說，二十一度母修持儀軌的藏語經文是從梵語翻譯而來，起源於印度。此外，在三十五章的《度母根本續》第三章也可發現這些禮讚二十一度母的經文。

二十一度母修持盛行於藏傳佛教各派，很多藝術及圖像傳統都起源於各宗派的上師對二十一度母的修持體驗和觀想所得。在這

金色度母 二十一度母：阿底峽傳承唐卡細部。（上圖）

裡，我們將介紹其中兩幅最廣為流傳的作品，其傳承都是源自於十一世紀前往西藏傳法的印度大師阿底峽尊者。

一世達賴喇嘛所提及的經文就是《二十一度母禮讚經》，本經通常是所有初入寺廟的年輕喇嘛或覺姆所背誦的第一篇經文。在西藏，打算終生出家的兒童大都會在大約五至十歲時入冊。在還沒有學會讀書寫字之前，他們便已經學會背誦這篇《度母禮讚經》，這也是所有西藏俗家學校一年級學生的必背課文。因此，所有藏族人都能夠將這一經文詳記於心。你可以問問身邊任何一位藏族人，幾乎人人都可以毫不遲疑地倒背如流。

大多數西藏寺廟每個月都會舉行一次或多次二十一度母法會，時間通常是半月、滿月或無月之日（新月前一天）的清晨，這個法會稱為「度母四壇城儀軌」。在法會上，修持者把自己觀想為聖救度母，同時觀見面前出現度母壇城。接下來，修持者會進行四輪觀想，每一輪都會舉行一次象徵性的供奉儀軌，並誦持七遍《二十一度母禮讚經》，並誦咒度母真言。一般來說，在前三輪中，應該誦持十字度母真言三百遍，最後一輪為四百遍。在整個儀軌中，修持者需進行四次壇城供奉，誦持二十八遍《二十一度母禮讚經》，誦咒度母真言一千遍。法會的功德一般都加持給有情眾生，或是服務於其他特定的目的。

很多西藏家庭每個月都會邀請喇嘛或覺姆前往他們的居所，舉行一次二十一度母儀軌。有時較為富裕的家庭則會在需要特別賜福時，舉行「卓瑪本」儀軌或「十萬度母」儀軌，也就是誦持《二十一度母禮讚經》十萬遍。一些大型的擁有兩到三千僧眾的寺廟，可以在一天之內完成這一儀軌，但是對於小型的寺廟，則可能需要很多天，甚至數個星期才能完成。

很多藏族人在遷居、興業或是添丁時會舉行這一儀軌，以祈求

健康、成功和保護。人們相信，這一儀軌可以為世俗的人賜予佛業，更重要的是，讓所有相關的人事都獲得最大的精神利益，從而激發最高的智慧能量。譬如，一個商業機構可能會由於貪婪、濫用權力及資源而產生惡業，但是，一旦能夠以服務世界的精神去經營企業，並祈禱所有參與其中的人都能獲得幸福、成長和智慧等加持，那麼它就是善業的根源。「卓瑪本」就屬於後一種情況。

二十一度母：阿底峽傳承

在這幅唐卡中，主尊為金色度母，呈標準的綠度母形相。也就是說，她和綠度母一樣，結半跏趺坐，施相同的與願印，雙手各執一朵青蓮花等等。在上一幅唐卡中，我們已經詳細解說了綠度母的宗教象徵，其意義也同樣適用於這幅唐卡。

之所以體色為金色，大概是因為上界的三尊菩薩：文殊菩薩（中，黃色）、觀世音菩薩（文殊菩薩右邊，白色）和金剛手菩薩（文殊菩薩左邊，藍色），這三尊菩薩分別象徵智慧、慈悲、信願，在西藏被稱為「聖三部主」。位於畫面正中的度母代表了加持的力量。也就是說，在這裡，度母觀想可以增加智慧、慈悲和信願的力量。如果我們進行度母壇城觀想，就能獲得這三種力量的加持。

上界、下界和周圍其餘造像為二十一度母，基本形相類似於正中的金色度母，不過仍有少許但卻極其重要的差別。

首先，她們只在左手執青蓮花，右手持淨瓶，內盛「智慧甘露」，意指進行二十一度母觀想和儀軌的修持者可以飲佛業的甘露，在世俗（健康、繁榮和家庭成功）和勝義（個人證悟）兩個層面獲得精神上的成功。

二十一度母：阿底峽傳承　布本設色唐卡　19世紀　128釐米×89釐米

這二十一度母造像的另一個圖像特點是，她們共分為四組，每組各五種顏色：白色、黃色、紅色、深藍色和煙綠色。最後一個位於正下方，體紅色，意味主尊所象徵的加持力量經由第二十一個度母得到進一步加強，因此呈現出代表力量的紅色。

在一世達賴喇嘛所造的讚歌《妙繪讚》（湯薌銘譯）中，對二十一度母的五色涵義作了如下解釋：

息增攝伏諸事業，如大海潮不越時；
任運相續恒趣入，事業已能到究竟。

如前所述，聖救度母代表著修成證果的佛業。在密法修持中，我們將自身及他人都觀想為壇城主尊的形相，世間所有行為都由佛業幻化而來。我們將以四種方式展示愛和慈悲，作為佛業的體現。

這四種佛業的體現分別由二十一度母的四種顏色來表現。白色的佛業可產生息——和諧；黃色的佛業可產生增——繁榮；紅色的佛業代表攝——威嚴；深藍色的佛業代表伏——怒氣，密法修持者會修持並表達這四種情感。除此之外，這四種情感還可以合而為一，成為煙綠色。

從這幅唐卡中，我們無法看出委造者所屬的派別。由於來自印度的阿底峽傳承，為所有三大新譯派以及無數的小宗派共同擁有，因此這幅唐卡的歷史也可以追溯到其中任何一個派別。

二十一度母造像：薩迦派的詮釋

這幅唐卡對二十一度母則有著完全不同的藝術詮釋。位於中央的主尊和環繞四周的二十一度母都呈金色。二十一度母位於主尊

二十一度母：薩迦派的詮釋　布本設色唐卡　19世紀　53.3釐米×31.8釐米

的背光中，表示她們都是同一度母的化身。事實上，二十一度母都有自己本來的體色，金色是由委造這幅唐卡的人添加上去的，作為對度母的供奉。在西藏，委造者有時也會要求藝術家用金色來裝飾所有造像，作為一種供奉功德，不過這種情況並不常見。

很顯然，從中央主尊背後宮殿中所繪的上師來看，這幅唐卡應該屬於一位薩迦派的喇嘛。位於觀者右邊（主尊左邊）的這位喇嘛是最早的薩迦喇嘛之一；主尊右邊的印度大法師是毗盧婆，薩迦傳承的創立人。

這幅唐卡中的其他造像也全都是薩迦派的主要本尊，其中最重要的兩尊就是大威德金剛和歡喜金剛的雙身相。主尊右上方是作明佛母，左上方是神秘的獅頭空行母，這兩位空行母斜上方的深藍色造像是薩迦傳統中的兩位重要護法神。

聖救度母和二十一度母下方是供養天女，代表五種感觀所感受到的事物，以及世俗存在的一切事物向佛業的轉變，也就是向有利於獲得證果和廣大善業的方向轉變。

阿底峽傳承：四度母造像

大多數時候，我們都是在同一幅唐卡中見到二十一度母。然而，有時候一些擁有強大的「度母四壇城儀軌」以及「十萬度母儀軌」傳統的僧院、覺姆寺以及喇嘛居所，也會為二十一度母單獨造像。在這裡，我們將介紹一套來自阿底峽傳承的二十一度母像中的四幅，每一幅都體現了西藏藝術典型的攝人美感和精妙技藝。

與傳統的二十一度母造像一樣，這套造像分為五個顏色組，每

白度母　布繪唐卡　19世紀　79釐米×59釐米

白度母首戴華冠，芝麻面，眉似彎月，雙目細長，鼻直嘴小，左手執蓮花，右手施無畏印，身飾環珞，結跏趺坐於蓮台上，背光周圍佈滿豔麗的蓮花。整個畫面色彩豐富華麗，給人一種金碧輝煌的感覺。

度母是梵名，全稱「聖救度佛母」，亦稱「救度母」，共有二十一尊，都是觀世音菩薩的化身，白度母是其中之一。

組四個度母：白度母，象徵息——和諧；黃度母，象徵增——繁榮；紅度母，象徵攝——威嚴；深藍色度母，象徵伏——怒氣；以及象徵集四種佛業於一體的煙綠色度母。在這組造像中，每一種顏色都以四個不同的色調來表示，以顯示每一種佛業由基本向高層次的昇華。

此外，在這二十一幅唐卡中，每一幅中央主尊度母四周都環繞著壇城主尊、上師、空行母和護法，全套唐卡就好像其所屬寺院的一張密法修持地圖。其中幾幅唐卡的頂角處繪著格魯派喇嘛，說明它們一度曾屬於格魯派寺廟或喇嘛居所。事實上，這些喇嘛造像是班禪喇嘛的各種化身，因此，這套唐卡可能來自於札什倫布寺的附屬寺院。從唐卡中的壇城本尊以及護法，也同樣可以看出它們應該是屬於格魯教派的某一個機構或個人。

阿底峽傳承二十　·度母：白度母

這尊白度母體色潔白，面相祥和，隱有笑意，象徵「息」——和諧的佛業。白度母右腿微展，左腿盤曲，似乎正從入定中甦醒，四周是豐茂的綠色背景。一個綠色的女性造像坐於正前方，正在向她供奉一卷卷五顏六色的珍貴織錦。

位於上界正中的是無量壽佛，雙手結入定印。左邊是綠度母，右邊是長壽度母。主尊下方站著三個護法，守護著度母修持者的安全、繁榮和成功。

在白度母的背光上，寫著幾個金色的字母，意為「左邊第十個」。這組唐卡以前大概是懸掛在單面牆壁上，一幅位於中央，兩邊各有十幅，這一幅應該是位於中間一幅畫像的左邊第十個（觀者的右邊）。

∽ **白度母**　布本設色唐卡　18世紀　48釐米×29釐米

阿底峽傳承二十一度母：黃度母

在這幅唐卡中，中央主尊是黃色，微帶橙色調。下首有一個紅色的女性造像，手捧金色托盤，向她供奉食物。再下方是一個很小的深色男人造像，雙手綁縛在背後，這大概是象徵度母修持能夠讓人解除束縛、奴役和監禁。

上界左邊是本初佛金剛總持，體深藍色，持金剛杵和法鈴，懷抱明妃，行樂空雙運，象徵度母密續修持所能證得的智慧境界。右上方是十一世紀的印度上師阿底峽，法名吉祥燃燈智，是二十一度母傳承的創立人。

下方站著兩個護法，守護菩提道上的修行者。

主尊背光上的金色藏文意味「左邊第九個」，說明它應該是位於中央一幅的左邊第九個（觀者的右邊）。

護法，左頁黃度母唐卡細部。

🐚 **黃度母**　布本設色唐卡　18世紀　48釐米×29釐米護法

阿底峽傳承二十一度母：紅度母

在這幅唐卡中，度母面有三目，微帶怒容。第三只眼睛是「勇猛智慧之眼」，用於尋找修成善果需要馴伏的對象。

上界坐著的是象徵空性智慧的文殊菩薩，手持智慧劍和一朵蓮花，花中放著一部《般若波羅蜜多經》。在他的左邊是大威德金剛，又稱怖畏金剛，懷抱白達里空行母，即「復生金剛母」，行樂空雙運，象徵忿怒度母可以利用空性智慧摧毀死神的力量，令墮入黑暗中的人復生。

文殊菩薩右邊坐著一位格魯派喇嘛，右手結說法印，左手結禪定印，一道彩虹從他的胸口流向文殊菩薩，說明他被看作是文殊菩薩的化身或轉世。歷史上有好幾個格魯派轉世活佛被看作是文殊菩薩轉世。

下界站著兩個護法，兩者都屬於「世間護法」級別，說明這套唐卡來源於藏地。

一道彩虹從一位格魯派喇嘛的胸口流向文殊菩薩，說明他被看作是文殊菩薩的化身或轉世，左頁唐卡細部。

◇ **紅度母** 布本設色唐卡 18世紀 48釐米×29釐米

阿底峽傳承二十一度母：黑紅色度母

這尊黑紅色的度母眼神微怒，口露白齒，顯忿怒相。在她面前擺放著一個碧琉璃碗，內盛許願珠和金色法輪，這個喻意吉祥的供奉象徵度母修持能夠實現所有願望，最終帶來圓滿佛法或修成證果。

左上方是忿怒尊甘露漩，紅色，單面雙臂，與明妃行樂空雙運。右邊是仁欽南傑喇嘛，為十三世紀上師布頓仁欽突的弟子之一，同時也是班禪喇嘛的前世，行伏魔儀軌，手執普巴杵，上縛黑布。他左邊的青煙和火焰就是正被降伏的魔鬼。

左下角坐著三位僧侶，其中兩人頭戴黃帽，可能屬於夏魯派或格魯派；另一個則可能是覺囊派的波東寧瑪。

右下角站著的是瑪哈嘎拉護法，右手持檀木法器，左手持骷髏頭骨，四周環繞著橘紅色的覺正淨火焰。

主尊背光上的金色藏文意味「右邊第四個」，說明它應該是位於中央一幅的右邊第四個（觀者的右邊）。

頭戴黃帽的夏魯派或格魯派喇嘛，左頁唐卡細部。

〜 **黑紅色度母**　18世紀　58釐米×42釐米

《聖救度母二十一種禮讚經》

在《聖救度母二十一種禮讚經》釋文中，一世達賴喇嘛引用了梵文原版的禮讚經，他將這些讚唄稱為「真言」，相當於咒語。因此，誦持這些經文時，所看重的並不是它們的實際意思，而是誦持所能帶來的加持和祝福。藏文的禮讚經每節四頌，每頌八拍，重音位於第一、三、五、七音節上。唸誦速度很快，有點類似單調式唱經法，就好像在四個不同的鼓之間連續轉換的鼓點，每個鼓上分別擊打兩次。

一世達賴喇嘛還對度母這一稱呼作了解釋：「度意味著普度或釋放，指出離苦海的狀態。度母則指的是不分愛憎，對有情眾生的平等之愛。度母所象徵的對有情眾生的愛類似於母親對所有子女的愛，不分彼此，一視同仁。」

然後，一世達賴喇嘛分別解釋了每一節經文的意義，以及相關的度母尊號。以下就是二十一節經文，以及相應的度母尊號。由於篇幅所限，在此我們抄錄部分經文註釋。

1. 敬禮救度速勇母，目如剎那電光照；三世界尊蓮華面，從妙華中現端嚴。（本節所讚頌的是轟瓦巴姆，即「奮迅度母」）

2. 敬禮百秋朗月母，普遍圓滿無垢面；如千星宿俱時聚，殊勝威光超於彼。（本節是綽瓦嘎瑪，即「威猛白度母」）

3. 敬禮紫磨金色母，妙蓮華手勝莊嚴；施精勤行柔善靜，忍辱禪定性無境。（本節是色朵堅瑪，即「金顏度母」）

4. 敬禮如來頂髻母，最勝能滿無邊行；得到彼岸盡無餘，

勝勢佛子極所愛。（本節是祖多南迦瑪，即「頂髻尊勝度母」）

5. 敬禮怛囉吽字母，聲愛方所滿虛空；運足遍履七世界，悉能鉤召攝無餘。（本節是吽珠瑪，即「吽音叱吒度母」）

6. 敬禮釋梵火天母，風神自在眾俱集；部多起屍尋香等，諸藥叉眾作稱歎。（本節是久丹松嘉瑪，即「勝三界度母」）

7. 敬禮特囉胝發母，於他加行極摧壞；展左踡右作足踏，頂髻熾盛極明耀。（本節是賢絳瑪，即「破敵度母」）

8. 敬禮都哩大緊母，勇猛能摧怨魔類；於蓮華面作顰眉，摧壞一切冤家眾。（本節是都達絳瑪，即「鎮魔度母」）

9. 敬禮三寶嚴印母，手指當心威嚴相；嚴飾方輪盡無餘，自身熾盛光聚種。（本節是貢確松巧瑪，即「供奉三寶度母」）

10. 敬禮威德歡悅母，寶冠珠鬘眾光飾；最極喜笑睹怛哩，鎮世間魔作攝伏。（本節是都旺底瑪，即「攝魔度母」）

11. 敬禮守護眾地母，亦能鉤召諸神眾；搖顰眉面吽聲字，一切衰敗令度脫。（本節是彭巴貢賽瑪，即「解貧度母」）

12. 敬禮頂冠月相母，冠中現勝妙嚴光；阿彌陀佛髻中現，常放眾妙寶光明。（本節是哲金瑪，即「救饑度母」）

13. 敬禮如盡劫火母，安住熾盛頂髻中；普遍喜悅半跏坐，能摧滅壞惡冤輪。（本節是美黛巴瑪，即「烈焰度

母」）

14. 敬禮手按大地母，以足踐踏作鎮壓；現顰眉面作吽聲，
　　 能破七險鎮降伏。（本節是綽聶堅瑪，即「忿怒度
　　 母」，又稱「顰眉度母」）

15. 敬禮安隱柔善母，涅槃寂滅最樂境；莎訶命種以相應，

☙　救水難度母旁邊的天女， 118 頁救水難度母唐卡細部。

善能消滅大災禍。（本節是希瓦欽姆，即「大寂靜度
母」）

16. 敬禮普遍極喜母，諸怨支體令脫離；十字咒句妙嚴布，
明咒吽聲常朗耀。（本節是仁乃貢賽瑪，即「消疫度
母」

17. 敬禮都哩巴帝母，足躡相勢吽字種；彌嚕曼陀結辣薩，
於此三處能搖動。（本節是歐珠貢作瑪，即「賜成就度
母」）

18. 敬禮囉薩天海母，手中執住神歐像；誦二怛囉作發聲，
能滅諸毒盡無餘。（本節是都賽瑪，即「除毒度母」）

19. 敬禮諸天集會母，天緊那羅所依愛；威德歡悅若堅鎧，
滅除鬥諍及惡夢。（本節是杜俄貢賽瑪，即「除厄度
母」）

20. 敬禮日月廣圓母，目睹猶勝普光照；誦二喝囉咄怛哩，
善除惡毒瘟熱病。（本節是柔巴卓瑪，即「明心吽字度
母」）

21. 敬禮具三真實母，善靜威力皆具足；藥叉執魅尾怛辣，
都哩最極除災禍。（本節是久丹松約瑪，即「震撼三界
度母」）

隨後，一世達賴喇嘛又指出了最後一部分所闡釋的五大主題：
修持者的態度、修持的時間、修持的利益、誦持的次數，以及誦
持的整體惠益。

若有智者勤精進，至心誦此二十一；
救度尊處誠信禮，是故讚歎根本咒。

每晨旦起夕時禮，憶念施諸勝無畏；

一切罪業盡消除，悉能超越諸惡趣。

此等速能得聰慧，七俱胝佛所灌頂；

現世富貴壽延安，當來趣向諸佛位。

有時誤服諸毒物，或自然生或合成；

憶念聖尊真實力，諸惡毒藥盡消滅。

或見他人遭鬼魅，或發熱病受諸苦；

若轉此讚二三七，彼諸苦惱悉蠲除。

欲乞男女得男女，求財寶位獲富饒；

善能圓滿隨意願，一切障礙不能侵。

在這裡，一世達賴喇嘛解釋說：「誦持二十一度母真言的基礎是『度母四壇城儀軌』。」

接下來，一世達賴喇嘛解釋了以上《禮讚經》最後一節第二頌中的「二、三、七」的意義。在這裡，「二」意指希望求得子女的人應該舉行兩次度母四壇城儀軌；「三」意指期望求得財寶的人應該舉行三次度母四壇城儀軌；「七」意味著只要能舉行七次度母四壇城儀軌，所有祈禱就都能得到滿足。

然後，一世達賴喇嘛又闡釋了以上數字如何在另一傳統中被用作每日精深修持的基礎。他說，「二」指的是修持者的先決條件，他或她應該具有敏銳的學識，能夠堅守信願。「三」指的是晨昏定禮的次數，加上每天日間的一次誦持，一共是每日「七」次真言誦咒。

一世達賴喇嘛又介紹了另一種將《二十一度母禮讚經》及相關

綠度母為此幅唐卡的主尊，作為一種特別供奉，綠度母被繪成金色，104頁救八難度母唐卡細部。（上圖）

咒語用於二十一日精深修持的傳統。在這裡，對「二、三、七」的闡釋分別如下：如果一個人能夠如上所述，擁有兩種資質，每天舉行三次儀軌，共誦咒真言七次，連續三七二十一天，所有的願望就都能夠實現，而修持者也能成為無畏的寶藏，所有阻止修持者到達彼岸的障礙都會變得虛弱無力，所有的敵人都會自動棄甲而逃。

最後，一世達賴喇嘛還介紹了著名的夏魯派喇嘛布頓仁欽朱的七日精深修持儀軌。在這一儀軌中，「二」指的是日和夜，「三」指的是日間和夜間分別舉行的三次法事，日間的三次法事分別在日出後、正午和日落前舉行，夜間的三次法事分別在黃昏、午夜和凌晨舉行。就這樣，每日六次，連續舉行七日，誦讀真言四十二次。一世達賴喇嘛引用布頓仁欽朱的話說：「如果一個人能夠連續七日以上述方式誦讀真言，就能獲得上述所有加持。」

值得一提的是，一世達賴喇嘛還在這裡列出了聖救度母的二十一種稱號，並將其與每一節真言相對應。在藏地，還另有一個聖救度母一百零八稱號的傳統，毫無疑問地，其中也顯然有自己的人文傳統存在。不過，儘管一世達賴喇嘛所列出的二十一度母廣為藏地和其他中亞地區人民所熟知，一百零八度母卻是寂寂無聞。

救八難度母

「救八難度母」是另一個與聖救度母有關的有趣傳統。和二十一度母修持一樣，這一傳統也同樣來自於《度母根本續》。在《根本續》第十一章，有一小段經文特別論及了這一傳統的來

救八難度母　布本設色唐卡　18世紀　65釐米×44釐米

源。這段經文也同樣被稱為「真言」，同樣以咒語的方式進行誦持。

和《聖救度母二十一種禮讚經》一樣，《救八難度母禮讚經》同樣也被收錄在藏族人熟知的《真言集》中，大多數藏地僧尼都擁有這樣一部《真言集》。這部經文通常被稱為《救八難度母真言》。儘管經文是從《度母根本續》第十一章摘錄而來，有時也被單獨稱為《救八難度母經》，大概是因為這十八節經文在語言上更像是顯法，而不是密法。

藏族人經常會委託僧尼為他們唱誦《真言集》。《真言集》很長，唱誦一次需要四個法師一整天才能完成，這是唯一能夠聽到唱誦《救八難度母真言》的場合。和人人都對《二十一度母禮讚經》詳熟於心不同，很少有藏族人會背誦《救八難度母真言》。大多數藏族人都對一世達賴喇嘛的救八難度母釋文更加熟悉。

有時候救八難主題是通過單幅唐卡來表現，聖救度母坐在正中，其餘八位度母環繞四周。「八難」本身也同時會在唐卡中表現出來。

同樣的，八難主題有時也會單獨出現，每幅唐卡表現一個主題。這兩種類型的傳統在本書中都有介紹。

救八難度母

此幅唐卡主尊為綠度母，安坐於世間的各種紛亂之中。綠度母的身色本應該是象徵大智慧的綠色，不過在這幅唐卡中，作為一種特別供奉，她被繪成了金色。救八難度母也同樣是金色的。上界是阿彌陀佛，雙手結禪定印。

八位度母依次是：

(1) 救水難度母：在主尊右下方，我們可以看見兩個僧侶正在向主

尊禱告，祈求解除水難。

（2）救獅難度母：阿彌陀佛左邊。

（3）救火難度母：救獅難度母下方，坐在一片濃厚的雨雲上，右手持淨瓶，裡面可以傾倒出大量的雨水。

（4）救蛇難度母：左下角，正在保護一位女信徒。

（5）救象難度母：右上角，度母正在保護一位信徒免受象難。

（6）救賊難度母：救象難度母下方，度母正在保護一位孤獨的旅行者，使其免受兩個騎在馬上的竊賊所害。

（7）救牢獄難度母：再下方，度母正在保護一位虔誠的祈禱者免受不公正律法所致的牢獄難。

（8）救非人難度母：正下方，度母坐在一堆許願珠和珍寶前，保護一對信徒免受紅色魔鬼的攻擊。

從這幅唐卡中看不出委造人的流派或宗派。然而，從右下角房屋內的一對信徒的衣著來看，這幅唐卡應該是來自東北藏。他們顯得快樂、健康、富足，顯示出救八難度母修持所帶來的生活品質。

救八難度母系列唐卡之中央主畫

在西藏藝術中，組畫通常都是為了懸掛在單面牆面上而設計。在這種情況下，一般會額外繪製一幅唐卡，懸掛在正中央，起到主畫的作用，畫中主尊通常是直視正前方。懸掛在左邊或右邊的每一幅唐卡中的主尊則微微側身，似乎在凝視中央的主尊。因此，所有右邊唐卡中的主尊都往左看，所有左邊唐卡的主尊則全都往右看。這組救八難度母唐卡也是如此。事實上，這套唐卡一共有九幅，其中一幅是中央主畫。

救八難度母系列唐卡之中央主畫　布本設色唐卡　19世紀　133釐米×79釐米

在這幅唐卡中，中央主尊直視前方，似乎正凝望著我們。她左右兩邊的四幅唐卡中，八難已經全部平伏，因此主尊四周的場景一片安寧祥和，與這組唐卡的其他幾幅背景迥然不同。我們可以看到，後者充滿了被盜賊和野獸襲擊的場面，只有那些記得向度母祈禱的人才能脫離危難。

左下方是一座寬敞的大屋，一對夫婦快樂地坐在二樓，欣賞著世間的美景。他們背後的隔架上，擺放著珍貴的珠寶、成卷的錦緞、一袋袋的糖果，象徵他們在世間的成功和繁榮。在大屋的樓下，我們可以看見另外一個人，可能是他們的兒子，旁邊同樣擺放著珠寶、錦緞等物。另一個家庭成員則正在橋上漫步，欣賞溪流中的天鵝、野鴨和家鵝。

在這組唐卡中，畫家表現出了對園林建築的熱愛。從這座房屋的造型與其周圍景觀的關係，都表現了藝術家的獨具匠心。房屋建築在溪流上方，右邊有一個凹陷的蓮池，環繞房屋的流水一層層流下，製造出潺潺的水聲和清涼的效果。小橋流水、日月流雲、碧樹繁花，整個園林優美和諧，均衡雅靜。度母行宮內也同樣繪製著花園、蓮池和小溪，美不勝收。

救獅難度母

一世達賴喇嘛曾經在獻給聖救度母的《妙繪讚》寫道：

壞聚見坑為所依，望他計勝心高舉；
輕蔑他懷銳利爪，我慢獅怖祈救護。

八難中的第一難就是獅難。這是一個譬喻，意指像獅子一樣的顯慢，正如一世達賴喇嘛所說，獅「壞聚見坑為所依」。也就是

救獅難度母　布本設色唐卡　19世記　133釐米×79釐米

說，顯慢是由於對現實的錯誤理解而產生的扭曲意識，這是「望他計勝心高舉」，只能以「輕蔑他懷銳利爪」攻擊世人。

度母面向右邊，說明這幅唐卡是掛在中央主畫的左邊。在畫面右邊和下方，一頭雪獅子正在攻擊行人。不過，一個度母的幻化身（從形相看，大概是葉衣佛母）將行人帶到安全之地，並且用掌風擊退了雪獅。

正下方有兩頭安靜吃草的鹿，象徵度母觀想所帶來的寧靜與和諧境界。這兩頭鹿，一個代表廣大的愛，一個代表空性智慧。右下方的水池中，蓮花盛開，象徵度母修持所帶來的純淨與優美境界。

佛教歷史中有很多關於成就者通過智慧、愛與禪修馴化野生動物的軼事。譬如，十八世紀，有一個名叫寂天的印度僧人，由於整天無所事事，只知吃喝拉撒和睡覺，因此被人們趕出寺廟，誰知他竟然飛升空中，消失不見了。人們為這一神跡所震撼，心存愧疚，想要再把他找回來。最終，他們在一個山洞中發現了他，其時，他正在坐禪，兩頭獅子枕在他的腿上，鼾然入眠。

救象難度母

一世達賴喇嘛寫道：

> 未調正念正知鉤，醉欲飲水惑亂力；
> 趣入邪道損害齒，愚癡象怖祈救護。

此處以喝醉的大象喻指兩種類型的愚昧——誤解和無知。如果心未調以正念正知，沉醉於妙欲樂中，則會趨入邪道。

在這幅唐卡中，我們可以看到一位女信徒身負籮筐，筐內有蔓

葉伸出，說明她剛剛從森林中採草藥或是野菜歸來。一頭野象向她發起了攻擊，由於她口唸度母咒，野象馬上被馴服，危難也就此解除。

同樣的，觀想聖救度母還可以揭示出真如實相，擊退癡象，進而保護修持者免受無知之難。

這幅唐卡細節豐富，令人心曠神怡：從石階一直鋪到主尊座下的地毯，背後及兩側的莊嚴大樹，怒放的鮮花，參差的假山，以及空中的變幻流雲等等。

關於利用精神力量制伏怒象的軼事，可以追溯到釋迦牟尼時代。相傳，曾經有人想利用大象謀殺佛祖，他知道佛祖會在某個特定的時刻經過一條狹窄的小徑，於是就在該處潛伏等候。在時辰快到的時候，他餵大象喝了一桶酒，然後用鐵鉤猛刺大象，直至牠變得異常暴烈，方才把牠解開，令其向佛祖迎面衝去。大象在迷醉和狂怒之中往前飛奔，所向披靡。佛祖眼見大象馳來，非但沒有躲避，反而靜立原處，深深地注視著怒象的眼睛，誦唸咒語，大象瞬間轟然倒地，安祥地墜入沉沉的夢鄉。

由於主尊面向左邊，因此這應該是位於中央主畫右邊的一幅唐卡。

救火難度母

一世達賴喇嘛寫道：

非理作意風所動，惡行煙雲密佈中；
焚燒善根稠林力，嗔恚火怖祈救護。

嗔恚與火同等。和所有扭曲的情感一樣，嗔也是由對事實的錯

救火難度母　布本設色唐卡　19世紀　133釐米×79釐米

誤理解所引起的；火則為風所煽動。由於瞋故，而行惡行；由於火故，煙雲密佈，於中熾炎，因此由瞋有斷善根之力，由火有焚燒稠林之力。

在這幅唐卡的右下方，我們可以看見一座正在為火焰所吞噬的房屋。度母手持海螺，裡面盛著滅火的水。屋中夫婦兩人正向度母祈禱，試圖逃脫死亡。

上界的天空中，一隻青鳥飛過來，嘴裡銜著一枝不死樹的樹枝，上面結著復生果。

在這幅唐卡中，藝術家再次表現了對園林建築的濃厚興趣。右下方有一管水流自假山石中流出，注入一個人工水池內，然後溢出水池，流向下方一個更大的水池，一直延伸到左下角的房屋前，構成窗外的水景。

度母坐在一座簡潔的靜修亭中，左邊立著兩棵吉祥竹。靜修亭上方有一個粉紅色的觀景台，供度母欣賞日出和日落之用。主尊面向右邊，因此，這幅唐卡應該是懸掛於中央主畫的左邊。

救賊難度母

一世達賴喇嘛寫道：

下劣禁行野堪怖，常斷寂寞處遊行；
毀壞一切城邑院，惡見盜怖祈救護。

這幅唐卡正下方畫著一群旅行者，正遭受盜賊的襲擊。他們的馬匹和大象馱著貨物站立在左邊，其中一名旅行者已經被殺死，掛在樹楂上，另一個喉部被匕首刺傷，還有一個則驚恐地躺在地上。

☙ **救賊難度母**　布本設色唐卡　19世紀　133釐米×79釐米

幸運的是，他們之中還有一個人記得向度母祈願，度母迅速派遣了兩名英雄前來解救。這兩名英雄正衝下度母寓所前的台階，趕往悲劇發生的地點，一個人手中拿著弓箭，另一個則舉著寶劍。

同樣的，在這幅唐卡中，我們又再次體會到藝術家對建築細節的關注。在度母行宮前，鋪著極為精緻的花階，憑階遠眺，可以看見雄偉的山海景觀。行宮兩側的大樹既增添了優美的自然風光，又留下怡人的濃蔭，既可在夏日提供蔽蔭，又可在冬日阻擋寒風。

救牢獄難度母

一世達賴喇嘛寫道：

不可愛有牢獄牆，禁錮有情不自在；
愛瑣難開所纏繞，慳桎梏怖祈救護。

在畫面左下角，有一個男人正身陷囹圄，赤裸瑟縮，頭帶枷鎖。在門外，有一個商人模樣的人，大概是獄中之人的親戚，面帶絕望的表情，正試圖用錢買得囚犯的自由。行宮上方，一個富人正和他的家人及朋友如常享受人生。

佛教總是對人類的律法體系持譏諷的態度。菩薩修行六度中的第一度便是「佈施」，為那些被政府或律法追索的人提供庇護，便是三種佈施形式之一。貧困者和被壓迫者鎯鐺入獄，富人卻自在飲酒作樂，這是人類社會古已有之的現象，今天和遠古時代並沒有什麼不同。

不過，這個赤裸的身帶枷鎖的犯人很快就可以得到解救。我們

救牢獄難度母　布本設色唐卡　19世紀　133釐米×79釐米

可以看到唐卡的上方，有一位婦女，大概是他的妻子，正在向度母祈願。一隻五彩鳳凰從度母的神秘禪座上飛出，面帶慈悲地注視著獄中的犯人，向他宣告自由即將來臨。

在這幅唐卡中，主尊面向左邊，說明原來是懸掛在中央主畫的右邊。

救水難度母

一世達賴喇嘛寫道：

難渡有海流漂激，接近猛利業風緣；
生老病死浪所蕩，貪愛河怖祈救護。

在這幅洪水場景中，一共有兩艘船。左邊的一艘船正遭遇海妖的襲擊，船上的三名乘客向度母虔誠禱告，於是毫髮無損地逃脫水難。右邊的一艘船則停靠在度母行宮門前，三名乘客正在向度母敬獻供品。由於兩艘船中的三名乘客都穿著同樣的服裝，且面容也極為相似，我們可以推測，這幅唐卡描述的是水難發生前後的情景。

在這幅唐卡中，藝術家再次展示了他在描繪建築上的鬼斧神工。在度母居所的樓上，有一個精美的房間，陽光充足，外帶露台，四周綠樹環繞，枝葉上妝點著閃爍的珠寶和啁啾的鳴禽，為居所帶來綠蔭和芬芳。

在這幅唐卡中，主尊面向右邊，說明原來是懸掛在中央主畫的左邊。

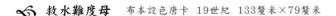

救水難度母 布本設色唐卡 19世紀 133釐米×79釐米

救非人難度母

一世達賴喇嘛寫道：

普遍冥暗遊行空，增上危害求決定；
度解脫命能為毒，疑食肉怖祈救護。

從左下角的場景中，可以看出這幅唐卡的主題：一個僧侶正為兩個惡靈所擾。在右邊，一個惡靈正向僧侶行供奉，這同樣也是一幕事件發生前後的場景。度母修持不僅可以免除惡靈的阻礙，而且還可以將他們領上菩提道，擔當修持者的保護神。

對此，一世達賴喇嘛的闡釋是：疑者，普遍冥暗。疑是五十一種心鎖之一，就如同想要用兩頭都是針尖卻沒有針眼的針縫紉一樣。一個總是疑慮重重的人，不可能織好自己的命運之衣，在所有重要的生活場景中都將麻痹無力。就好像畫中的僧侶一樣，他的注意力似乎在兩個惡靈之間徘徊。只有通過度母修持，才能建立起與佛業的聯繫，消除猶疑。

在這幅唐卡中，藝術家再次向我們展示了他的建築繪畫藝術天分。度母的居所四周環繞者一道籬笆，籬笆以兩道竹管搭成，流水從這些竹管中流出，注入右邊的池塘中，這樣度母不僅可以隨時聽到悅耳的潺潺流水聲，還可以享受流水帶來的清涼之氣。

在這幅唐卡中，主尊面向左邊，說明原來是懸掛在中央主畫的右邊。◖

救非人難度母　布本設色唐卡　19世紀　133釐米×79釐米

第十二章
長壽三尊

　　藏族人喜歡將佛和菩薩三個一組擺放在一起。這起源於佛家對「三」這個數字的偏好，譬如：三身佛（法身、報身、化身），三寶（佛寶、法寶、僧寶），三根本（上師、本尊、勇父與空行母），三善根（慈悲、智慧、信願），三密（身密、言密、意密），三世（過去、現在、未來），三時（覺、睡、夢）等等。

　　長壽三尊是比較常見的一組三尊佛：白度母、無量壽佛、尊勝佛母。其中，白度母和尊勝佛母都是女相，無量壽佛是男相，不過其在藏地的傳承卻始於十一世紀的一位尼泊爾女修行者。有時長壽三尊會出現在同一幅繪畫中，有時則是單獨造像，然後作為一組並列懸掛。

　　由於「次旺」（長壽灌頂）這一傳統的緣故，普通藏族人都對前兩種密宗體系非常熟悉。次旺是藏傳佛教所有流派的高僧在行遊時最常舉行的公開灌頂儀式，任何行遊僧人都可能會被其足跡所至的城鎮或鄉村要求舉行次旺。藏地信徒也非常喜歡次旺，因為這相當於修行輔導課。在法會上，喇嘛會向他們詳細解釋每一個修持步驟，人們也會加入，參與觀想和誦咒。他們喜歡次旺還有另外一個原因，在法會的各個不同階段會傳遞各種經過法師加持的食物或酒水，通常這個時候，會眾都會大肆推搡，因為每個人都想站到前排，享用這些餐點，這也為整個法會帶來了興奮點。在法會期間，會眾還會不斷跟隨法師誦咒，增加參與感。

　　與這三種密續佛相有關的觀想和祈禱儀軌，尤其盛行於十一世紀中葉形成的沙瑪派，又稱「新譯派」。在這之前，他們就已經出現在寧瑪派（又稱「舊譯派」）中，不過只有無量壽佛受到了比較嚴肅的關注。

　　此外，無量壽佛在舊譯派的傳承也不是尼泊爾的女修行者，而是來自印度的男性傳承。現代寧瑪派則主要依賴的是十四世紀喇嘛的岩傳（又稱「伏藏傳承」、「短傳承」），以及這三個傳統的所有版本。

　　藏族人相信各種跡象和兆頭。對他們來說，紙上的墨汁不只是紙上的墨汁；在一個特定時間從一個特定方向傳來的烏鴉叫聲，並不僅僅是一聲烏鴉叫聲。這些事情都是尚未展開的生活圖卷的先兆，與周圍已經發生或即將發生的所有事件息息相關，因此也具有預兆性。雲朵的形狀、花朵綻放的時間和地點、園中飛鳥的來去，這一切都是生活中的徵兆。

　　春天的第一隻鳥宣告了灰暗冰冷的冬季結束，預示著一個彩色世界的重生，每一個角落都爆發出春天的新綠，每一種顏色的鮮花都為世界增添了歡樂。當市集上出現長壽三尊的全彩複製品

長壽三尊，126 頁如意輪度母唐卡細部。（上圖）

時，一度蕭條的西藏文化迎接了預示著冬天即將過去的第一線曙光。人人爭相購買長壽三尊的畫像，並將它們懸掛在整飾一新的佛堂正中。

今天，無論你來到西藏的任何一個地方，都可以看到複製的長壽三尊畫像，驕傲醒目地懸掛在大寺廟和平常百姓家中，靜靜地散發著無邊的法力，庇佑著他們。

如意輪度母

密宗認為，意識是長壽修煉中首要的和最強大的動力。總歸來說，積極的意識能帶來健康、快樂與成功。在我們生病後恢復健康的過程中，意識狀態尤其能夠極大地影響復原的進度和效果。與長壽三尊有關的三大密宗體系，都把這一積極的修持方法作為預防疾病、增強免疫力和促進康復的途徑。

在這幅唐卡中，我們可以同時看到長壽三尊。主尊為白度母，左上角是無量壽佛（度母的右上方），右上角是尊勝佛母（度母的左上方）。在一般的唐卡中，無量壽佛都是結跏趺坐，在這幅唐卡中卻是站姿，這一點非常特別。這是始於八世紀印度蓮花生大師的一支特殊的無量壽佛傳承，該傳承在三個世紀後為最早的薩迦喇嘛所繼承，後者設計出了一個長達七日的「無量壽經大修齋戒法」。

白度母修持可能是長壽三尊中最普及的個人修持方法。她的修持儀軌，事實上是從《無量壽經》中發源而來，因而具有雙倍的加持作用。此外，她還擁有來自度母傳統的額外法力，這一傳統在藏地有著悠久的歷史。另外，一世達賴喇嘛每次患病後，都可以通過這一齋戒恢復健康的事實，也令所有人對這一修持的效果

深信不疑。

在標準的修持儀軌中，首先需要觀想自己就是白度母，然後再專注地觀想位於心輪中的八輻彩色法輪。後半部分的誦咒和色彩療法的魔力就來自於這一心輪，這也是為什麼白度母也被稱為「如意輪度母」的原因。觀想這一如意輪，再加上誦咒和成就顯現，一切都能如願以償。

在白度母觀想儀軌釋文中，一世達賴喇嘛引用了他上師的話：「任何人只要修習白度母儀軌，並知道如何正確誦持，就會變得無堅不摧……即使是已經確定無疑地顯示出死亡的跡象，譬如從表面上看身體已經受到了致命的傷害，修持者也仍然能夠輕鬆地完全康復。」

藏地關於白度母長壽修持的方法有很多，長度也各不相同。一世、二世、五世和七世達賴喇嘛都曾經撰寫過修法儀軌，其中最有趣的可能算七世達賴喇嘛的修持方法，因為他集合了所有前三世的修法要素。然而，一世達賴喇嘛的釋文仍然是其中最重要的一部分，因為正是它鑄就了這一傳承在藏地的盛譽。

除了記錄修法儀軌之外，一世達賴喇嘛還造了一首獻給白度母的讚美詩，由於行文極為優美，在藏地廣為流傳。在詩中，他寫道：

妙齡佛母乳鬈滿，一面二臂金剛坐，
身現莊嚴雅靜相，流溢大樂勝義光。

柔滑右手施與願，息增攝伏諸事業，
賜八悉地為頂嚴，乃至究竟得菩提。

如意輪度母　布本設色唐卡　19世紀　66釐米×44.5釐米

敬禮世間皈依所，手足七眼觀六道，

救度有情解脫門，證得大樂菩提境。

正如第一頌所言，此幅唐卡中的白度母坦胸露腹，披紗輕掩雙臂。女性的胸部象徵著精神的滋養、成長和轉化的力量、治療的力量（母親的乳汁是新生兒最安全的食物），以及純淨的醫藥精華。然而，在上頁這幅唐卡中，主尊的左手遮擋住了左乳，金色的裝飾物則有意遮住了右乳的乳頭，我們可以從這一細節推測出這幅唐卡的委造人應該來自僧院。藝術家有意識地在繪畫中對性別特徵進行低調的處理，以免分散僧眾的心神。

第二頌提到四種佛業：息、增、攝、伏。之所以在這裡再次出現，是因為白度母長壽修持和誦咒過程中，需散發出與這四種佛業相對應的色彩：白色、黃色、紅色和藍色，加上集四佛業於一體的綠色以及代表穩定的褐色，這些光線充溢全身，令身體痊癒、復活，然後又組成虹光。這一系列的儀軌都顯示在白度母背光彩虹狀的邊緣處。

第三頌提到白度母手掌和腳心的四隻眼睛，加上她臉上的三隻，一共是七隻眼睛，她正是通過這些眼睛看到了六道眾生的苦痛和疾難，並為它們提供救治。這六道分別是地獄道、餓鬼道、畜生道、人道、阿修羅道和天道。白度母的七隻眼睛可以關照六道眾生，並救治眾生的疾苦，延長他們的壽命。本頌中所提及的「解脫門」，就是這參透六道的法門。

在下界正中是綠度母，兩側分別是具光佛母和藍色的獨髻佛母，這是在西藏極為盛行的另一組三尊佛像。在一世達賴喇嘛的《妙繪讚》中也有提及：

右方無憂具光母，息相金色日光放；
左方獨髻勝空美，忿愛威光為端嚴。

此三尊佛母是聖三部主的女性版本：慈悲、智慧和信願。這裡，度母代表的是觀音菩薩，即慈悲；具光佛母代表的是文殊菩薩，即智慧；獨髻佛母代表的是金剛手菩薩，即信願。她們被安置在這幅唐卡的底部，代表她們所司的是護法的職能，因為慈悲、智慧和信願都是實相的最佳保護神。

無量壽佛

無量壽佛（阿彌陀佛）代表了一個非常重要的通過觀想和儀軌獲得長壽加持的密宗體系。我們之所以會在這裡談到他，是因為他是長壽三尊的中心人物。另一個原因則是，在藏傳佛教中，絕大多數常見的與阿彌陀佛修持有關的傳承都始於十一世紀的女修行者希達拉尼（Siddharani），也就是藏地所說的「大成就女王」。

希達拉尼來自現在的尼泊爾加德滿都。當時的加德滿都是印度文化的追隨者及印度次大陸最偉大的佛教王國之一，加德滿都谷地在西元前三世紀偉大的印度阿育王統治時期就已經是一個佛教國家。事實上，位於現今加德滿都東大門的一座佛塔，據說就是在阿育王女兒當年興建的佛塔舊址上建造的。

很多藏地密宗傳承及其人文傳統都與尼泊爾有一定的關聯。在最開始的時候，藏族人一般會將繪畫及建築工程委託給尼泊爾藝術家和建築師。在談到七世紀的藏王松贊干布及其在西藏各地建築的一百零八座寺廟時，人們都不免會提及尼泊爾。十五世紀中

葉，當一世達賴喇嘛在拉薩修建札什倫布寺時，就從尼泊爾引進了很多大師。半個世紀以後，當二世達賴喇嘛在納木措聖湖下方修建恰催寺時，也同樣從尼泊爾引進了很多建築大師。

阿彌陀佛密宗體系則是通過數百年間的數十個不同傳承進入藏地的，所有藏傳佛教各流派都有自己獨一無二的阿彌陀佛傳承。譬如，寧瑪派傳承自蓮花生大師；薩迦派傳承自多梨大師；格魯派則傳承自阿底峽尊者等等。這些又全都由十一世紀的聖者米勒日巴的兩個門徒之一──惹瓊巴尊者傳入藏地。希達拉尼的這一傳承首先經由噶瑪噶舉派進入藏傳佛教，在後者的推廣下，很快地便家喻戶曉。

藏族人非常鍾情於希達拉尼生活中的魔法和神秘色彩。十一世紀的四位備受推崇的西藏大師都與她有關：瑪爾巴譯師、他的大弟子密勒日巴、瑪爾巴的兒子塔瑪多迪，以及米勒日巴的弟子惹瓊巴尊者。這四位都是男性，然而都與女修行者希達拉尼有著很深的淵源。

據傳說，瑪爾巴預見到他的兒子兼傳承人達瑪多迪即將遇難，於是要求他在家中靜修。但是，年輕氣盛的達瑪多迪卻沒有聽從父親的教誨，執意要參加本地的賽馬大會。在比賽中，他不幸落馬，頭部遭受重創。瑪爾巴從那洛巴經文中得知，要救回達瑪多迪，就必須在他臨死前施行靈魂轉移法。於是，瑪爾巴將兒子的靈魂轉移到了附近的一隻鴿子身上。這隻鴿子飛到印度，進入一位剛剛去世的男童身體，這個印度男孩立刻復活過來，但是卻性情大變，因為他的身體已經為達瑪多迪所佔據。印度男孩表現出了極大的潛能，後來成為著名的「帝普巴大師」（Mahasiddha Tipupa），也就是「鴿子大師」。

數年後，惹瓊巴雲遊至印度，在這之前，他也曾數度來到印度

無量壽佛（阿彌陀佛）　布本設色唐卡　18世紀　68釐米×48釐米

尋求佛法，並翻譯密續。密勒日巴告訴惹瓊巴關於帝普巴的故事，並告訴他這位大師從一位名叫希達拉尼的女修行者那裡接受了傳承，他要求惹瓊巴去尋找帝普巴，接受希達拉尼的傳承，並將其帶回西藏。

於是，惹瓊巴來到了印度，與帝普巴相見，跟隨帝普巴修行，並最終掌握了希達拉尼傳承的精髓，把它們帶回西藏，傳給密勒日巴。因此，在這個特殊的傳承譜系中，弟子（惹瓊巴）成為了自己上師——西藏最受人愛戴的詩人密勒日巴——的上師。

藏傳佛教的所有宗派最後都吸納了希達拉尼的阿彌陀佛修持傳承。但是，對於這一傳承保存得最為完整的，卻只有「惹瓊巴耳語傳承」。希達拉尼正是通過這些傳承一直長存至今。

在過去五、六百年間，藏傳佛教所有教派的雲遊僧人都更傾向於舉行希達拉尼的次旺法會，而不是本傳承的無量壽佛次旺。這是因為希達拉尼傳承具有一種跨宗派的地位，如果他們舉行希達拉尼次旺，人人都會前來參加；而如果他們舉行本教派特有的無量壽佛次旺，那麼就只有本教派的成員會前來參加。一般來說，他們只會在更小型的特定集會才舉行本傳承特有的長壽灌頂法會。

希達拉尼法系事實上集合了這位偉大的女修行者的所有十九個傳承，這十九個傳承全部來自於她個人的觀想體驗。其中，最廣為流傳的一個傳承就是「無量壽佛與馬頭金剛合修法」。也就是說，她將來自無量壽佛壇城「事續」傳統與馬頭明王壇城的無上瑜伽傳統中的要素結合在一起。

關於這一修持傳承，一世達賴喇嘛曾撰寫過很長的釋論，二世、三世、五世和七世達賴喇嘛也都撰寫過略短一些的釋論。在所有教派的高僧典籍中，也都能發現他們對這一傳統的闡釋。

無量壽佛像 緙絲唐卡 19世紀 111.5釐米×62.5釐米

這幅緙絲唐卡是清乾隆年間內地織造的大幅唐卡，上方有「無量壽尊佛」字樣。畫面中央排列有三尊佛，中間為上品下生式無量壽佛，右為說法式無量壽佛，左為施無畏式無量壽佛。三尊佛像下的二僧為佛的輔佐，其下為四大天王。

一世達賴喇嘛指出，這一體系有四種長壽修持法門：(1)次旺，即「長壽灌頂」，用於為他人加持；(2)八生起次第；(3)八圓滿次第；(4) 無量壽佛秋練法，即「萃取精華法」。

第一種方法通常由高僧或治療者代替患者執行，不過在近幾個世紀，已經更常見於大型公眾法會，用於集體治療和長壽加持；第二種方法以光線和色彩療法為基礎，由八個階段的觀想組成，每一階段分別觀想一種不同類型的生命、能量和法力；第三種方法是八個層次的輪穴修煉法；第四種「萃取精華法」則是完全放棄日常飲食，靠「精華」的滋養生存。

西藏女修行者瑪姬拉尊利用鮮花萃取滋養丸露的修持方法，即「萃取花精法」，二世達賴喇嘛曾經撰寫過這一法門的釋論。此外，一世達賴喇嘛還寫過一篇如何從星光中萃取精華的釋論。

來自希達拉尼的無量壽佛傳承使用的則是「萃取礦石精華法」，與瑪姬拉尊傳承的鮮花丸露或一世達賴喇嘛所介紹的星光法迥然不同。在這種修煉方法中，首先在一杯水中放入一顆小石頭，以及一點特殊的酊劑，然後對其施以觀想和誦咒儀軌，想像它變成了一個巨大的充滿芳香甘露的海洋，裡面包含著所有基本的滋養物質。在用餐的時候，將這杯經過觀想點化後的水喝下去，以代替普通的飲食，這就是特殊的「萃取礦石精華法」。

很多藏族人都會舉行這種特別的齋戒儀式，為時七天或二十一天，以作為長壽和健康修持的方法。如果一個人能夠修得「萃取精華法」的大成就，就可以永遠不需要普通的飲食，他的餘生全靠水或石頭的精華而活。據說，獲得這項能力的人就可以獲得永生。

然而，密宗的永生並不是永遠存活於世間，而是一直保持健康的活力，直至利益了所有與其有師徒關係的門徒為止，然後，他

（她）便有意識地讓自己的精神和身體的聚合體消失，化作一道明亮的光線——化身，直到凡間再次需要其存在及利益時才再次現身。到那時，自然會有人從法身中幻化而出，在恰當的時候適時出現。

這就是希達拉尼的無量壽佛傳承的涵義，人們一般將它稱為「獲取永生智慧法」。

尊勝佛母

這幅尊勝佛母唐卡距今已有五百多年歷史，是依據九尊壇城的傳統繪製而成。這一傳承始於印度大師多梨，由早期的薩迦喇嘛傳入藏地，並傳播給藏傳佛教所有教派。

在大多數壇城中，主尊都位於一個外圓內方的結構中，而這幅曼荼羅卻有所不同，尊勝佛母是安坐在一個佛塔中，左右兩側分別是藍色的金剛手菩薩和白色的觀世音菩薩，分別代表信願和慈悲，而尊勝佛母則代表智慧。「四大怒金剛」本來應該分列四方，在這幅唐卡中卻全部位於佛塔的基座前方，分別代表四正覺、四神力、五根和五力。

除此之外，在主尊上界還有兩個「天子」（梵文：devaputra）。此處，他們代表的是「創造之神」梵天（Bhrama），正在向佛母懇請獲得她的傳承。他們手持淨瓶，瓶中盛著永生甘露，象徵著尊勝佛母密續修持對所有世間諸神都有助益。

這九尊造像的每一個地方都有特定的象徵意義。三頭象徵密續體系救治上、中、下三界所有疾苦的能力。九眼可以看見九層智慧法門，意指這一體系擁有超越所有精神煩惱和局限的能力。

至於八臂，右邊第一隻手持交杵金剛，象徵內外完全和諧；第

二隻手持白色蓮花，內中安坐無量壽佛，象徵從俗身向佛身的轉

化；第三隻手持一支箭，象徵直指人心的智慧；第四隻手結禪定

～ **尊勝佛母**　布繪唐卡　15世紀　50釐米×49釐米（上圖）

印，手持淨瓶，內盛長壽甘露。

畫師將這幅尊勝佛母九尊壇城繪製造得宛如馥鬱花園中的一只金瓶，所有九尊都被安置在寶瓶樣的佛塔中，其他各色佛教人物和密續本尊則像花朵一樣，灑落在佛塔上界和左右兩側。這應該是寺廟中常用來舉行各種密續修持儀軌的觀想圖。

有趣的是，長壽三尊中的前兩個密續體系——白度母和無量壽佛——在藏地都有兩種修持方式。第一種是次旺，是由高僧主持公開法會，指導觀想和誦咒，這種儀式通常持續數小時。另一種則是養生修持，為每日私下觀想和誦咒之法。養生修持同樣也可以作為一種靜修方法，在這種情況下，修持者進入一種與世隔絕的狀態，完全沉浸在密續修持中。通常每天四次，每次兩到三個小時，歷時數週、數月、乃至數年。

相反的，尊勝佛母的長壽法門一般很少見於長壽灌頂法會，而是一種私人委任的祛病儀式，由專業的法師主持。每一個西藏僧廟和覺姆寺都有無數受過高度的密宗儀軌訓練的法師，並時常應委託人之請舉行各種類型的修持儀軌。西藏大多數僧廟和覺姆寺都是通過這些專業法師供養起來的。

最常見的一種尊勝佛母儀軌是「尊勝佛母千供法會」。在講經壇正中安放一個大型佛塔，四周環繞六圈供品，每一圈共一千種。內圈由一千個大面餅或人偶組成；外面的五圈則是分屬五種感覺器官的供品，譬如光線、鮮花、香味等等；最後一個「千」則是誦咒一千次尊勝佛母加長真言。供奉典禮只是整個漫長儀軌的一部分，此外還有唱誦、角鳴、擊鼓等活動。整個儀軌需要一個中等規模的寺廟一整天時間才能完成。

在右邊這幅小圖中，可以看到尊勝佛母安坐在佛塔中，圖中沒有九尊壇城的其他八尊。在右下角，我們可以看見一個男人和他

的妻子坐在一駕雙套馬車上，向尊勝佛母合十行禮；左下角則是智慧之佛文殊菩薩，手持智慧之劍，高舉過頂。

在進行大成就法個人修持時，修持者應將自己觀想成尊勝佛母，與上述的其餘八尊一起，安坐在勝利之塔中。尊勝佛母心臟處顯出一個交杵金剛，正中現出一個種子字。隨後，這個種子字變為我的普通形相，師尊在上，父母在前，學生在右，親友在左，僕從在後，所有人都位於尊勝佛母胸口處的交杵金剛的正中心。隨後，從咒字中發出無限的光明，放射出所有的治療和轉化能量，這些能量流入我的心中，流向觀想中的所有人，為每一個人加持生命力、創造力和智慧。

上述觀想方法也同樣可以用於委任專業法師以個人名義舉行的「尊勝佛母千供法會」。事實上，很少有藏族人接受過尊勝佛母灌頂，而灌頂是個人修持的先決條件。對大多數藏族人來說，只有通過專業法師才能與尊勝佛母建立聯繫。

由於尊勝佛母可以同時為修持者及其師尊、家庭、親友及依附人同時加持，因此尊勝佛母千供法會在富有的大家族尤其受歡迎。

這也是一種最常見的為高僧祈求長壽的法會。尊勝紮倉（Namgyal Dratsang）的名稱就來源於尊勝佛母（Ushnisha Vijaya）。梵文「Vijaya」的翻譯就是「Namgyalma」（尊勝）。這一傳統始於三世達賴喇嘛，他的主座在哲蚌寺的甘丹宮。三世達賴喇嘛曾經身體有恙，甘丹宮的僧眾於是受命為他舉行了尊勝佛母千供法會。這次法會非常成功，被藏族人稱為「尊勝佛母燃燈法會」。舉行這次法會的建築也被尊為「尊勝殿」（Namgyal Enclave）。一百年後，五世達賴喇嘛將主座從哲蚌寺遷往布達拉宮，不僅同時從甘丹宮帶走了他最鍾意的僧侶，也帶走了「尊勝

紮倉」這個名字。

　　從十七世紀中葉直至西藏解放的三百多年間，尊勝紮倉寺便一直屹立在布達拉宮，尊勝佛母千供法會也一直是其最重要的法會之一。🌢

🍃 **尼泊爾的尊勝佛母銅像**　19世紀　46釐米高（上圖）

第十三章
擁有職能的佛母

　　可以說，密宗的所有壇城主尊都有自己的職能，因為他們都代表或象徵獲得某一特定證悟體驗所需的品質。與他們有關的密續修持也正是為了掌握這些特定的品質，並由此獲得證悟。

　　聖救度母象徵佛業或菩提心，所有與聖救度母有關的修持都會利用佛業作為成功的推動力，開啟證悟體驗的鑰匙。這個修持根據某一特定的傳承，引導出佛業，並以特定的方式來修煉。

　　同理，長壽三尊則是以長壽和健康作為他們的主要職能。因此，他們也完全符合「擁有職能的佛」這一條件。我們之所以將他們單獨列為一章，是因為他們擁有特別尊崇的地位。

　　觀想象徵或代表某一特定品質的佛相，誦咒他或她的真言，讓這一品質在修持者的意識流中得到增強，並在生活中起到更加積極的作用。用榮格的術語來說，就是這些佛相是一種精神原型。觀想這些原型可以使相關的精神品質越來越活躍，並佔據主導地位。

大白傘蓋佛母

　　在嬰兒臨產時，頭部必須先經過變形才能通過母親的產道，因此，胎兒的頭蓋骨都有三塊。在生產過程中，這三塊頭蓋骨會在子宮收縮的壓力下移位，讓頭部變長，成為圓錐形，而不是球

形，以此縮短頭圍，讓頭部小到足夠穿過產道。一旦離開子宮，這三片頭蓋骨又會慢慢重新調整位置，恢復正常形狀。

嬰兒出生後第一個星期，這三片頭蓋骨交匯的地方（位於頭部正中）摸起來都非常柔軟。在人的一生中，這都將是一個特殊而又充滿魔力的區域，密宗修行者在觀想中也會利用到它。

成佛之後，這裡也同樣充滿魔力。一旦修得證果，這個地方就會向上突起，形成一個「頂髻」（梵語ushnisha）。事實上，這個髻完全由光線化成，具有無限的高度。但是，對頂髻高度的感知能力卻完全取決於每個人的精神修為，修為太低的人則根本看不見頂髻的存在。在藏傳佛教藝術中，佛陀的頂髻通常被繪製成一個位於頭頂正中的髮髻。

大白傘蓋佛母的名字正是來源於這一頂髻。相傳釋迦牟尼佛當年曾力邀學生阿難棄世出家，做他的個人隨從，和他四處雲遊說法。阿難同意了，但條件是佛祖只能在他在場的時候講法，以確保自己不會錯過佛祖的任何教誨。

印度語中，說法是「法從口出」的意思。因此，每當佛祖想要傳講一些阿難還不太適宜的精深佛法時，就不得不想出很多富有創意的方法，以避免「法從口出」。大白傘蓋佛母修持法就是其中之一。每當佛祖傳講這一高深的佛法時，就會從自己的頂髻說出，而不是嘴裡，以避免打破他對阿難的盟誓。

Sita Tapatra是「白傘蓋」的意思。就如同陽傘能夠為人遮擋毒熱的光線和正午的太陽一樣，這一密續法系也提供了抵禦自然災難的法門。佛母手持的白傘蓋就是這一力量的象徵。

大白傘蓋佛母有很多種法相。其中最常見的一種用於個人修持的法相有點類似白度母，一面二臂，結禪定坐。此幅唐卡中的大白傘蓋佛母的形相則更為複雜，常用於大範圍的祈福儀軌。

大白傘蓋佛母 布本設色唐卡 19世紀 56釐米×41釐米

在頭頂上，將來可能長出頂髻的位置，是整個儀軌的中心所在。法師首先將自己觀想為大白傘蓋佛母的形相，將佛陀與菩薩的所有保護能量都引導到心中，然後將這些能量引向頭頂的輪穴，穿過頂髻，形成一個傘蓋狀的百害不侵的能量場。能量場的大小決定了保護修持所覆蓋的範圍，因此，這一技巧有點類似形成保護性能量場的精神電波。

左頁這幅唐卡中的大白傘蓋佛母在藏地又稱「千手千眼白傘蓋佛母」。儘管在畫中作為一種特別的供奉，主尊被繪製成金色，但她實際上卻是白色的。白色是所有形相之源，意指與她有關的所有儀軌都具有影響世間萬事萬物的法力。除此之外，她還有一千條腿，其中五百隻位於左邊，腳下踩著世間諸神；另外五百隻位於右邊，腳下踩著惡魔，象徵所有神、鬼以及其他超自然力量都會臣服於她的密續修持。

她擁有千面，隨時觀聽八方，其中，二百面為白色，二百面為黃色，二百面為紅色，二百面為綠色，二百面為藍色，這是五方佛的顏色，意指她承載了所有佛的品質和能量。每一面都有三隻眼睛：一隻主智慧，一隻主慈悲，一隻主信願。

人們一般稱她為千手千眼大白傘蓋佛母。事實上，這些數字只是比喻性的，意指「數不清」，暗示她有上千種激勵世界的方式，可以通過百萬種神通幫助和利益眾生。

至於她的兩隻主臂，右邊第一隻手持傘柄和箭，前者象徵她保護自然免遭災難的能力，後者象徵她通過富有穿透力的智慧法力消除所有負面力量的能力。左手持一個八輻法輪，象徵修持她的壇城可以讓人獲證八種智慧。

主臂後面是另外九十九對手臂，右邊的手持八輻法輪，象徵密續修持可以帶來完滿證果；左邊的手持弓箭，象徵其修持法系的

勝義智慧。

　　其餘四百隻右臂，每一百隻為一組，分別手持金剛杵、佛珠、交杵金剛和蓮花。左邊的四百隻則手持彎弓、火焰劍、套索和鐵鉤，同樣也是每一百隻為一組。金剛杵代表不可摧毀的智慧；佛珠象徵成就所有願望的修為；蓮花和交杵金剛象徵密宗體系運用自然現象獲得證悟的能力；彎弓是觀想禪定的力量；寶劍是切斷煩惱源頭的信願；套索是控制扭曲情感等內心惡魔和惡靈等外在惡魔的力量；鐵鉤則是控制所有內在和外在癡象的禪定能力。

　　釋迦牟尼佛端坐在主尊正上方，右手結觸地印，左手結禪定印。大白傘蓋佛母修持完全與自然律法和諧，並不僅僅是一個獨立的信仰體系或文化傳統而已。

葉衣佛母

　　三世達賴喇嘛的本師班禪索南紮巴曾寫過一篇論文，列舉出藏地的所有密續法系，以及它們在整個密宗傳統中的位置。和所有新譯派一樣，他將密宗經典分為四部：事部、行部、瑜伽部和無上瑜伽部。截至目前為止，我們在本書中所講到的所有佛相主要屬於這四部中的第一部：事部。但是，這些法系的修持方式很多也同時與後三部有一定的關連，這大概是由於數百年的相互影響所致。

　　他說，事部又分為三個「分部」：蓮花部、金剛部、如來部。這三個分部又分別有大約六個子部，每一個子部都有一個或多個密續法系。譬如，在事部蓮花分部，阿彌陀佛是部尊，觀世音菩薩為部主，白度母是本尊母，就是一切佛母和度母的部主。在金剛部，金剛不動佛是部尊，金剛手菩薩是部主。在如來部，文殊

菩薩是部尊，光明佛母是本尊母。此外，如來部還有五個子部，共七種類型的密續傳統。無垢佛頂位於第四部，頂髻尊勝佛母和大白傘蓋佛母以及其他佛母也都位於這一部。

葉衣佛母位於密宗事部如來分部的第六子部，被稱為「信使部」。從修持的普及性來看，她是最重要的信使佛母之一。她的主要職能是解除疾病，尤其是傳染性疾病，譬如瘟疫等。葉衣佛母壇城觀想和誦咒據說可以強化免疫系統，讓修持者免受疾病的侵擾。

葉衣佛母的梵名是Parnashavari。在這幅唐卡中，她頸部戴著由新鮮綠葉編成的花環，腰繫新鮮樹葉織成的圍裙，這些樹葉都是天然的草藥，象徵葉衣佛母修持所能帶來的治療和再生法力。另外，她的頸部還纏繞著一條毒蛇，蛇毒在印度和西藏地區的醫藥傳統中是很多藥方的重要元素，可以起到以毒攻毒的作用。此外，蛇還象徵龍族，這是一種自然生靈，如果被人類輕率地觸怒，便會帶來疾病。譬如，疗就是由於隨意砍伐樹木，未經居住其中的龍族許可和原宥引起的。龍族同時也會傳播疾病，譬如瘟疫等，以懲罰那些污染空氣、水或土地的人，因為在這些元素中也同樣生存著幾種類型的龍族。按照葉衣佛母的密續法系加以修持就可以與這些自然生物和平共處。畫中的葉衣佛母頭髮在頂部挽成一個髻，以一條蛇作為髮簪，進一步強化了上述法力。

葉衣佛母體色米白，象徵前兩大佛業——息和增。也就是說，她通過平息惡因和增持善業為修持者提供治療和保護。葉衣佛母共有三面，主面半喜半怒，意指與自然的和諧可以帶來安寧與快樂，若不和諧則可能帶來麻煩。左邊的紅面代表欲望，右邊的白面代表平和。

畫中主尊共有六臂。右邊第一隻手持金色金剛杵，象徵不可摧

毀的智慧；左邊第一隻手持金剛套索，象徵對內外元素的控制。第二組手臂持有一個金剛斧和一把綠葉做成的扇子，分別象徵將疾病連根拔除的法力和草藥的清涼作用。第三組手持一對弓箭，和上一幅唐卡中所見到的一樣，代表堪破勝義實相的智慧，以及觀想修持所擁有的向這一目標射出智慧之箭的法力。密宗將空性視為最有效的治療藥方。

左下角坐著一個紅色的葉衣佛母，右下角坐著一個黑色的葉衣佛母，她們的形相與主尊一模一樣，手中所持法器也相同。在這幅唐卡中，主尊象徵治療所需的前兩種佛業——息和增。紅色葉衣佛母代表攝，黑色葉衣佛母則代表伏。

上界正中坐著一個喇嘛，極有可能是這幅唐卡的委造者所屬教派的根本或重要傳承上師。從他的僧帽外型和色彩可以推斷，他應該是屬於格魯教派。最後，在主尊正下方還有一個大黑天護法，他是慈悲的忿怒化身，完全包裹在般若怒火中。

藏傳佛教的所有教派都修持葉衣佛母密續，其中以直貢噶舉派尤為推崇這一傳承。事實上，葉衣佛母修持是蛇年十天講經節的重要活動之一，這個節日在直貢舉行，傳統上為每十二年一次。藏傳佛教所有教派的信徒都會從四面八方趕來參加盛會，聽取直貢寺主持所舉行的為期十天的講經大會和修持法會。和所有類似的藏地宗教節日一樣，講經大會將一直從上午持續到傍晚，留出清晨的時間，以便讓會眾參觀當地的聖地——直貢有很多這樣的聖地，晚上的時間則是為了讓會眾與家人、朋友聚會娛樂。

光明佛母

在光明佛母的唐卡中，背景一般都是初升的太陽，這是因為她總是在破曉時分施法。她是一個真正的佛母，地位等同於任何其他佛陀。光明佛母是事續部如來分部的本尊母。觀想光明度母的最佳時間就是清晨日出時分。

修行者需早起沐浴。為觀想儀軌舉行的沐浴淨身儀式是所有事續法系中的一個重要儀軌。然後，修持者面向東方太陽升起的地方，進行常規的能依和所依壇城觀想，以及觀中灌頂等等。

光明佛母的主要職能是保護修行者免於遭受自然界的厄運，尤其是免於遭遇其他生物造成的劫難，如野生動物、竊賊和惡靈。觀想光明佛母壇城，並誦咒她的真言和經文，是獲得以上加持的最主要方法。光明佛母隸屬如來部，相當於主智慧的文殊菩薩的女相，因此其根本佛性是智慧。太陽在密宗佛教中總是代表智慧，月亮則代表大慈悲。光明佛母觀想在日出時分舉行，因為這時頭腦最為活躍，最容易獲得智慧上的精進。智慧在這裡有兩重涵義：一是證世俗諦之自相有；二是證勝義諦之空性見。太陽是這兩種智慧的最好老師。

光明佛母咒語中將光明佛母稱為「具足日光的神明」。正如同旭日東昇宣告了漫長黑夜的結束一樣，觀想光明佛母壇城也可以宣告漫長的無知和恐懼期的結束。

左頁這幅光明佛母唐卡光彩奪目，具有濃厚的神秘色彩。主尊位置是太陽，光明佛母位於下界，駕著七頭野豬拉動的戰車。這裡包含了古代印度宇宙學的傳說，也是印度古典詩歌最鍾愛的主題之一：就是太陽是在七種宇宙能量的牽引下馳過空中的。在其他造像中，光明佛母的坐騎也經常被繪製成一頭碩大的野豬，旁邊跑著六頭小野豬，環繞著她玩耍嬉戲。野豬是密宗的聖物。

光明佛母 　布本設色唐卡　19世紀　86釐米×48釐米

在這裡，七頭野豬也同樣象徵代表一週七天的七個主要天體：太陽、月亮、火星、水星、木星、金星、土星。印度人和藏族人都對這七大天體耳熟能詳，或許它們是經過數千年前的絲綢之路輾轉到了西方，最後成為國際標準。在這幅唐卡中，七頭野豬都是平等的；不過，在一頭大野豬和六頭小野豬的唐卡中，大野豬所代表的就是太陽和星期天，其餘六頭小野豬所代表的則是其餘天體和日期。近觀太陽的圖案，可以看見一隻三腿三尾的雄雞正在其中跳舞，大概是表示這幅唐卡來源於藏東康區大雅一帶，因為大雅的藝術家總是喜歡在作品的某一個地方畫上一隻雄雞。

不過，這隻雄雞也可能是來源於印度的古德拉威神話。這一神話起源於非洲，指在鴻蒙未開之前，一隻雄雞以舞蹈和利爪創造了宇宙。第三個說法則是這隻雄雞的涵義是完全世俗的，因為雄雞總是在日出時啼叫，因此將其與太陽聯繫在一起。三腿三尾則是一個謎題。

我們還無法識別太陽正上方的女性主尊的身分。實際上，她的位置更靠後，也更靠下一點。不過，如果這麼畫就會讓她被遮擋在太陽背後。她手持一面鏡子，顏色同太陽，位於西方。如果說光明佛母與東方和日出有關，那麼我們可以推測，她代表的就是西方和日落。有幾位西藏學者嘗試假設這或許是古西藏的「十二天瑪女神」，藏語稱「丹瑪久妮」。她們每人手持一面寶鏡，在需要的時候，人們可以通過鏡子利用神諭將她們從最古老的年代召喚出來。在古西藏文化中，鏡子是一個重要的神諭道具，任何想要召喚神靈的人都必須在胸前掛一面鏡子，就好像在項鍊上懸掛著的護身符一樣，在心臟前方掛上一面鏡子。這些神靈可以被召喚進鏡子，也可以從鏡子中被召喚出來。◐

第十四章
女性傳承上師

　　我們在第八章「三寶、三根本與三種佛母類型」曾談到，西藏
藝術主要頌揚的是三種女性：過去和現在的傳承上師、本尊，或
者說壇城主尊、護法。其中第一根本的重要之處在於：沒有她
們，就不會有第二和第三根本的法系傳承；第二根本的重要之處
在於：她們事實上是密續修持的精華所在；第三根本的重要之處
則在於：它能為獲得前兩種根本提供支援。

　　在顯法中，男性或許具有至高無上的地位；在密法中，女性則
有著更大的優勢。尤其是在早期，密宗尚在印度的時期，很多
密續法系，譬如大威德密續，都是佛祖在女性的特別要求下傳
授的。除此之外，很多古典時期的傳承（西元八世紀至十二世
紀），都是基於對女性本尊和空行母的觀想所見。

　　此外，很多進入西藏的傳承法系都是基於印度女性大師的觀想
和教義。在本章，我們將重點關注其中幾位。第一位是比丘尼拉
克須米，生活在大約西元八世紀至十一世紀。她的年度十六日齋
戒修持傳承在七世達賴喇嘛的推動下，已經成為藏地最為普及的
法事之一。此外，還有十一世紀的女修行者尼古瑪，她的「六瑜
伽法」至今仍為藏傳佛教諸派所保存。

　　至於來自西藏地區的女神秘主義者，我們在本書中只提到其中
最著名的兩位──八世紀的耶喜措嘉，據說是首位即世成佛的藏
族女性；以及十二世紀的女修行者瑪姬拉尊，我們在「金剛空行

母」一章中曾經看見過她，其時她是以白衣瑜伽母的形相出現。由於篇幅所限，我們將只論及這少數幾位傳承上師。

對西藏的女性展開更透徹的研究是一件很有趣的事情，西藏文學中就有數以千計這樣的女性形象。譬如，薩迦派就有數十位女性擁有和薩迦天欽（法王）同等的成就，這些傑出女性的稱號是「薩迦傑尊瑪」，傑尊瑪就相當於男性的傑尊，這一稱呼僅用於那些具有極高成就的密法修行者。薩迦傑尊瑪自小就接受薩迦派的各種宗教訓練。

同樣的，寧瑪派也有很多被稱為「傑尊加朵拉」的女密法修持者，即「大成就空行母」的意思。空行母在這裡指的是女性密法高人或聖人。噶舉派和格魯派的能斷派傳承（來自瑪姬拉尊）也有無數這樣的大成就空行母。數年前，格魯派的一位著名傑尊加朵拉在西藏圓寂，享年八十有餘。

西藏還保持了數種女圖庫（俗稱活佛）傳承。格魯派的多傑帕嫫圖庫傑尊瑪或許就是其中最著名的一個，被視為整個西藏地位最高的三大喇嘛之一，其餘二位分別是班禪喇嘛和薩迦天欽。很多大一點的覺姆寺都有一個活佛，很多世俗的靜修所也同樣如此。譬如，二世達賴喇嘛的母親就是這樣一位活佛。在他的自傳中（寫於一五二八年前後），二世達賴曾經寫道：「我父親在四十五歲那年娶了我母親，她的名字是貢噶帕嫫，是一位獲得正式認可的活佛，早年曾是嘉華格桑大師的弟子，是著名的多旺藏嫫加朵拉空行母。」二世達賴還寫道：「自童年時代起，我的母親就記得她的很多前世。在極年輕時候，她就已經在三大主要的無上瑜伽法系——密集金剛、大威德金剛、嘿嚕嘎勝樂金剛密續——上獲得極高的成就，同時也擁有很深的藥師佛壇城修為……我很榮幸能夠經由這樣一位大成就者的子宮來到這個世界。」

觀世音菩薩 布本設色唐卡 18世紀 135毫米×91毫米
這是用於比丘尼拉克須米齋戒修持的觀世音形相。在右上角的一組傳承大師頂部，還有她的一個簡易形相。

比丘尼拉克須米

　　密宗的大多數女性大師都是俗家修行者，很少有出家人。比丘尼拉克須米（Bhikshuni Lakshmi）則是一個例外。比丘尼是佛家全職尼姑的正式稱呼。奇怪的是，在十世紀的動亂之後，西藏地區的比丘尼傳承就完全消失，從此再也沒有恢復。從此以後，藏地的所有尼姑都被稱為「沙彌尼」。兩者唯一的區別是前者有著更多的次級戒律，而且只能由成人擔任；後者則可以在幼年就入冊。兩者都有需要四戒：戒殺生、戒偷盜、戒飲酒、戒失身。

　　根據比丘尼拉克須米的藏文傳記記載，她出生於十世紀的印度皇室。年幼時，她就主動要求委身寺廟，她的父母同意了這一請求並為她賜福。因此，自早年開始，她就得以學習顯法和密法傳統。在二十幾歲時，她罹患麻瘋病，於是決定離群索居，以免傳染給他人。她在森林邊修建了一個靜修所，在這裡禪修。有一天晚上，她夢見了大成就者因紮菩提（Indrabhuti），後者建議她修習觀世音菩薩，並進行齋戒。於是，她將居所搬到附近一個與觀世音菩薩有關的靈量場，開始修持觀世音菩薩。一年內，她的麻瘋病不藥而癒。大約五年後，她就獲得了證悟。此後，她將餘生都投入於教授和修習佛法上。

　　有關她的傳奇故事可說數不勝數。譬如，有一天，她來到一座城鎮，當街跳起怒尊金剛瑜伽母法舞。在舞蹈的過程中，她取出一把空行母鉞刀，砍掉自己的頭顱，繼續跳舞。法事結束後，她重新撿回頭顱，放回身體，平靜地離開集市。

　　目前藏傳佛教所有教派都在修習她的觀世音菩薩觀想和齋戒傳承，這一傳承在西藏平民中尤為盛行。很多人都在每年的藏曆四月，也就是釋迦聖月的前十六天舉行齋戒。齋戒儀式以「雙日」

千臂觀世音菩薩　布本設色唐卡　19世紀　135釐米×57釐米

觀世音菩薩為比丘尼拉克須米的觀想對象。此幅唐卡中，觀世音菩薩十一面，前方三面呈慈悲相，代表寶部；左方三面呈嗔怒相，代表金剛相；右方三面亦呈慈悲相，代表蓮花部；後方一面呈忿怒相，代表摩羯部；頂部一面為阿彌陀佛，呈寂靜相，代表佛部。胸前雙手合十，身披瓔珞，立於蓮花台上。上界繪有白度母、綠度母、大黑天護法神、歡喜佛；中間左右各繪有侍衛菩薩若干；下界繪有文殊菩薩、四臂觀世音、忿怒手持金剛菩薩、馱寶白象、馱寶黃騾、天女、天鹿等。

一組舉行。第一天，修持者應戒絕一切飲食，甚至包括自己的唾液，同時還要伴隨誦咒、觀想以及很多等身長頭。第二天中午可以吃一點飲食，同時補充一點流體食物。修持者自行決定想要進行多少組，完整的釋迦聖月齋戒應該是八組，也就是十六天。也有的藏族人在每月的滿月之日進行一次齋戒，每次一組。

154頁這幅唐卡所繪製的就是齋戒所使用的觀世音菩薩形相。這是一幅「聚域」唐卡，繪製的是整個傳承的所有主要大師。比丘尼拉克須米位於右上角的一群大師頂端，代表這是從她開創的口頭傳承。右上角一組頂端是觀世音菩薩的簡易形相，代表早期的觀世音菩薩密續傳承，比丘尼拉克須米正是從這一傳承得到了觀中所見。主尊腳下左右兩側站立著的分別是文殊菩薩和金剛手菩薩，這三尊菩薩在一起代表了證悟的三種基本特質：慈悲、智慧和信願，意指修習比丘尼拉克須米的齋戒瑜伽可以獲得以這三種特質為特徵的證悟。

藏族人認為儘管比丘尼拉克須米的外表是一個佛家尼姑，但她的內在秉性卻是聖救度母，密續根本則是金剛亥母。

比丘尼拉克須米，觀世音菩薩唐卡細部。（上圖）

尼古瑪

　　十一世紀的印度大成就者那洛巴對藏傳佛教影響甚鉅，他的好幾個傳承最後都進入了雪域高原。我們之前曾經談到過瑪爾巴譯師如何在那洛巴傳承的基礎上創立噶舉派，以及那洛巴的金剛瑜伽母教義如何通過尼泊爾的帕丁巴兄弟進入薩迦派。那洛巴的其他傳承，譬如時輪金剛傳承，則通過其他各種途徑進入藏地。

　　那洛巴有一個出色的女弟子，就是來自印度的尼古瑪，她曾按照那洛巴的指引在印度北部的叢林中進行過深入的修持，最終獲得證悟。藏族人對她的瞭解來自於一種特別的「六續瑜伽法」，由她的西藏弟子瑜伽士瓊波那爵（Khyungpo Naljor）傳入。剛開始，只有一個叫做香巴噶舉的小教派修習這種密法，後來逐漸為其他教派所吸收，並最終分化消失。

　　不過，尼古瑪的傳承卻在西藏地區盛行了數百年。二世達賴喇嘛曾撰寫過與之有關的兩本注疏，將他從其父親（香巴噶舉派一個分支教派的首領）那裡獲得的傳承與格魯派的口頭闡釋結合在一起。

　　在注疏中，二世達賴喇嘛講述了瓊波那爵雲遊到印度尋求證果的故事：他一聽到尼古瑪的名字，就馬上知道她就是他的根本上師。他向人打聽如何才能找到尼古瑪，得到的答案是：「只要心意純淨，就可以在任何地方碰到她。如果心意不純淨，就算她站在眼前，你也看不見，因為她居住在淨土界，已經修得了虹光身。不過，她經常出現在大寒林的空行母盛會上，參加密乘盛宴。」

　　瓊波那爵於是去了大寒林，等待尼古瑪的到來。剎那間，她突然出現在眼前，全身僅著骨飾，開始狂野地舞蹈。瓊波那爵伏拜在地，懇請獲得她的傳承，並向她供奉了五百單位的金粉。尼古

瑪收下供奉，但是卻繼續舞蹈，將金粉撒遍整個寒林。最後，她終於為瓊波那爵灌頂，向他傳授了六續瑜伽法，並指導他修行，直至最終獲得證悟。

有一次，當瓊波那爵向尼古瑪請教教義精華時，尼古瑪回答說：

世間俗義一切事，全因愛惡生顏色。
堪破本真皆空相，目中所見盡黃金。
觀諸幻景悟幻性，方可證得幻菩提。

薩惹哈及其根本上師

這位印度大成就者或許算得上密宗歷史上最重要的一位人物。事實上，西藏歷史學家多羅那他（Taranatha）把他看作是無上瑜伽密續的首位編撰者。

另一個不太為人所知的事實卻是，薩惹哈（Saraha）的根本上師是一位女性。在這幅唐卡中，她被繪製成了他手中所持的箭。他的名字Saraha也正是來源於她的種姓，意為「造箭者」。

據傳說，薩惹哈原來的名字是羅睺羅（Rahula，印度高級種姓），早年曾修習印度教，最後卻成為佛教僧侶。有一天，一些年輕婦女引誘他與她們一起飲酒。喝醉後，他進入一種大樂的幻像中，這一幻像指示他去尋找一位女性造箭者，向她尋求佛法。他來到集市，看到她正在造箭，於是馬上意識到她就是自己的根本上師，便請求她收自己為弟子。從此以後，師徒二人共同生活、遊歷和修持佛法，在她的指引下，他終於獲得證悟。在西藏繪畫中，她有時被繪作薩惹哈手中的一柄箭，有時則被繪作他上

界空中的一個袒胸瑜伽女，雙手持箭。

　　薩惹哈身邊坐著的一男一女，或許是他的兩名弟子，他曾經為他們撰寫過兩首重要的證道歌，名為《薩惹哈盛歌》，至今仍被用作密宗大手印傳統的基礎。在歌中，薩惹哈寫道：

> 你可以在室內點起無數盞明燈，
> 而盲眼的人卻仍然身處黑暗中；
> 同樣的，世界的本真無處不在，
> 近在眼前，蒙昧者卻睜眼不見。

耶喜措嘉

　　八世紀的女修行者耶喜措嘉，可以說是西藏歷史上最著名的女性，她在現代社會的影響力絲毫不亞於一千三百年前，只要在網路上輸入她的名字（Yeshe Tsogyal），馬上就可以得到上萬個搜尋結果。

　　耶喜措嘉是印度大師蓮花生大士的首席弟子。後者曾被藏王赤松德贊延請到西藏宣揚密法，協助建立西藏的首座寺院，由於被視為是寧瑪派最重要的創始人，因此常常被繪製在寧瑪派唐卡的上界正中。

　　其實，蓮花生大師在西藏所獲得的成功，很大程度上都應該歸功於耶喜措嘉。蓮花生大師離開雪域高原之後，他的工作就全部由耶喜措嘉繼承。耶喜措嘉撰寫了蓮花生大士的傳記，讓他得以在藏族人心中永垂不朽，同時還推動了很多翻譯工作及建築。她還記錄了很多為當時的藏族人所不理解的深奧理論，並將它們掩藏在秘密的地方，等待時機成熟時為後世所發掘；其餘的則埋藏

蓮花生大師　布本設色唐卡　19世紀　70釐米×49釐米
蓮座右邊為其西藏女弟子耶喜措嘉，左邊為其首席印度弟子曼達拉娃瑜伽女。

在弟子的潛意識中，等待他們在轉世時回憶出來。

在蓮花生大師初抵西藏時，耶喜措嘉還是藏王赤松德贊的王妃。據傳說，耶喜措嘉美貌驚人，無數小王國的國王和首領都發誓要娶她為妻，即使發動戰爭也在所不惜。藏王赤松德贊眼見沒有轉圜餘地，於是宣佈將她納為王妃，因為他知道沒有任何人可以挑戰自己的權威。蓮花生大師抵達西藏後，與耶喜措嘉一見鍾情，藏王同意她離開宮廷，伴隨

耶喜措嘉，
蓮花生大師唐卡細部。

蓮花生大師雲遊說法。蓮花生大師在西藏期間，兩人一直形影不離。在蓮花生大師離去之際，他建議耶喜措嘉前往尼泊爾去買下一個與她有前世因緣的白人奴隸，協助她修習大樂雙運。耶喜措嘉聽從了蓮花生大師的建議，與這個白奴閉關修煉，最終獲得證悟。

耶喜措嘉是寧瑪派喇嘛修持傳承的主要來源，人們相信她獲得了金剛不壞之身，並經常出現在擁有純潔渴望者的觀想中。她是西藏繪畫的一個常見題材。

上頁這幅唐卡的中央主尊是蓮花生大師，耶喜措嘉位於其右下首。左邊下首的造像是他在印度的主要弟子曼達拉娃

曼拉達娃瑜伽女，
蓮花生大師唐卡細部。

（Mandarava）瑜伽女。從傳承的角度來看，耶喜措嘉在藏傳佛教中擁有不可忽視的重要地位；不過，從藝術和文學作品的角度來看，曼達拉娃瑜伽女的地位卻也不相上下，這兩位瑜伽女有時被合稱為「蓮花生雙妃」。事實上，兩人都是在蓮花生大師的指引下獲得證悟的女性弟子。蓮花生大師是在雜霍（Zahor）講道時遇到曼達拉娃的。雜霍是一個喜馬拉雅山地區的小王國，位於現在的喜馬恰爾－布拉代什一帶。曼達拉娃結識蓮花生大師時還是一名尼姑，但是很快為他所吸引，從此為自己的禁欲生活畫上了句號。多年後，蓮花生大師又在西藏遇到了耶喜措嘉。在他馳入夕陽，去其他疆土宣揚佛法之後很多年，仍然與她們保持著神秘接觸，出現在她們的睡夢中和觀想中，教授、指引和激發她們的修行之路。

　　上界正中坐著的是本初佛大日如來，左右兩邊分別是阿彌陀佛和白蓮花王觀音。左下角是印度僧人寂護，藏王赤松德贊正是聽取了他的建議，將蓮花生大師請到西藏。右下角就是藏王本人，雙手結說法印，指間拈兩朵蓮花，蓮花上生出一把智慧劍和一本《般若波羅蜜多經》，意指他被視為是智慧佛文殊菩薩的化身。

瑪姬拉尊

　　這幅唐卡所繪的是著名的西藏女成就者瑪姬拉尊（Machik Labdon，1055～1153），瑪姬拉尊的意思是「孤獨母，拉布明炬」。在畫中，她以白衣瑜伽母的形相顯現，裸身，單腳立舞，一手擊手鼓，一首持法鈴。拉布是西藏西南部的一個古王國，距離珠穆朗瑪地區不遠。這是一種被稱為「聚域」的唐卡。「域」在這裡指的是觀想物件，可以匯聚美德與智慧，這類繪畫通常是為了表現某一教派的主要傳承大師和密續主尊。

　　這幅唐卡所表現的教派屬於「息結和能斷派」，所有來自瑪姬拉尊的傳承最後都匯於這兩大傳承。人們一般將這兩種傳承視為不同的教派，然而，大多數接受息結傳承的人，同時也會接受能斷傳承，反之亦然。在後期，藏族人則已經乾脆將息結去掉，只

瑪姬拉尊　布本設色唐卡　19世紀　64釐米×38釐米（上圖）

稱「能斷派」了。從技術上來看，瑪姬拉尊及其傳承教派都出現在新譯派時期。然而，她的傳承卻使用了很多舊譯派的術語，因此，我們很難將其歸入舊譯或是新譯派。

瑪姬拉尊的傳承作為一個獨立教派只單獨存在了數百年，後來最終為更大的教派所吸納。今天，藏傳佛教的所有四大教派（包括苯教）都有它們自己的瑪姬拉尊能斷傳承。

瑪姬拉尊通常被繪製成為白衣瑜伽母，這是因為她對這一空行母觀想大為推崇，以致被視為其化身的緣故。她手中的鼓是一種「達瑪魯」手鼓，但是比一般的印度壇城主尊所持的要大得多，這個鼓是用於能斷修持的法器。在能斷修持中，修持者觀想自己的身體被切成小塊，用於供養餓鬼和其他生靈，以此獲得對身體的空性見。在觀想過程中，需一直緩慢地敲擊手鼓，吟唱瑪姬拉尊或後世能斷派上師所造的頌歌，這些歌曲是西藏歷史上最淒絕優美的作品之一。在藏地，大多數天葬師都是能斷法修持者，他們的職責就是將死者的屍體分解，餵食禿鷲。在整個儀式中，他們都會吟唱這些旋律優美的能斷頌歌。

瑪姬拉尊兩側坐著的是她的兩個兒子：左邊是陀巴桑智，右邊是嘉華敦杜。前者身穿僧袍，後者留著黑色長髮，身穿白袍，肩披普通瑜伽士的紅色禪修帶，他們兩人對瑪姬拉尊傳承的保留和傳播都居功至偉。嘉華敦杜下方是他的後代，被看作瑪姬拉尊轉世的女密師多傑東瑪，她是一位很值得研究的密法大師，因為所有主要的女性活佛傳承都起源於她。

上界正中是五尊金剛薩埵與明妃的雙運相，每一尊顏色都不同，代表五大佛部。環繞著他們的是八大菩薩。下方坐著的是般若波羅蜜多母。再下面是三世佛，左右環擁著阿羅漢和辟支佛。釋迦牟尼位於正中，左右分別為前世佛（迦葉佛）和來世佛（彌

勒佛），象徵瑪姬拉尊與白衣瑜伽母的法義代表了所有過去、現在和未來佛的本質，是由般若波羅蜜多母所象徵的智慧傳承的核心。在畫面左邊（主尊右邊）的祥雲中，是能斷傳承的根本上師和傳承上師。位於正中的是當巴桑傑，體褐色，手持一面達瑪魯手鼓和一根用人脛骨製造的骨笛。這位傑出的密師是瑪姬拉尊的主要上師，據說靠服用「百花精華丸露」活了九百七十八歲。在他四周是各種大師，有的來自印度，包括帝羅巴和那若

巴，有的來自西藏地區，包括蓮花生大師和八世噶瑪巴法王。很多大師並不屬於能斷傳承，而是屬於委造這幅唐卡的人的傳承。從八世噶瑪巴法王來看，這應該是屬於噶瑪噶舉派。

在畫面右邊（主尊左邊）的祥雲中是一組壇城主尊，再次證明了這幅唐卡是由噶瑪噶舉派所委造的推論。在這組壇城主尊中，位於正中的是金剛亥母，這正是噶舉派所有十二個分支的標準造像法。在她上面是獅面空行佛母。位於頂端的是大手印勝樂金剛，同樣也是噶瑪噶舉派常見的壇城主尊。在中央主尊腳下，第一排為十個空行母，第二排為十一位傳承上師，最下面一排為能斷派護法。二世達賴喇嘛的祖母及父親都是十五世紀時期瑪姬拉尊法系的主要傳承人。他的祖母曾經閉關四十四年，日夜潛心修持能斷法。二世達賴喇嘛也曾撰寫很多文章，詳細介紹他所獲得的觀想技巧。有賴於二世達賴喇嘛在中亞地區的聲望及他對瑪姬拉尊的推崇，人們又重新對瑪姬拉尊及其密法產生興趣，為能斷傳承在現代的復興做了極大的貢獻。🌢

瑪姬拉尊唐卡細部。（上圖）

【唐卡系列 JC0002C】

唐卡中的女性智慧：
50幅唐卡看度母、佛母、女性傳承上師

編著：吉布
封面設計：黃健民
內頁設計排版：Peiyin

主　編　張嘉芳
編　輯　劉芸蓁
行　銷　劉順眾、顏宏紋、李君宜
出　版　橡樹林文化
　　　　城邦文化事業股份有限公司
　　　　台北市信義路二段213號11樓
　　　　電話：(02)23560933　傳真：(02)23560914
發　行　英屬蓋曼群島家庭傳媒股份有限公司城邦分公司
　　　　台北市民生東路二段141號2樓
　　　　書虫客服服務專線：(02)25007718；(02)25007719
　　　　24小時傳真專線：(02)25001990；(02)25001991
　　　　服務時間：週一至週五上午09:30-12:00；下午1:30-17:00
　　　　劃撥帳號：19863813；戶名：書虫股份有限公司
　　　　讀者服務信箱：service@readingclub.com.tw
　　　　城邦讀書花園網址：ww.cite.com.tw
香港發行所　　城邦（香港）出版集團有限公司
　　　　　　　香港灣仔軒尼詩道235號3樓
　　　　　　　電話：(852)25086231　傳真：(852)25789337
　　　　　　　E-mail：hkcite@biznetvigator.com
馬新發行所　　城邦（馬新）出版集團【Cite(M) Sdn.Bhd.(458372 U)】
　　　　　　　11, Jalan 30D/146, Desa Tasik, Sungai Besi,
　　　　　　　57000 Kuala Lumpur, Malaysia
　　　　　　　電話：(603)90563833　傳真：(603)90562833

初版一刷　2007年9月
ISBN：978-986-7884-72-5
定價：420元

2006北京紫圖圖書有限公司
授權出版發行中文繁體字版

國家圖書館出版品預行編目資料

唐卡中的女性智慧：50幅唐卡看度母、佛母、
女性傳承上師 / 吉布著. -- 初版. -- 臺北市
：橡樹林文化,城邦文化出版：家庭傳媒城
邦分公司發行, 2007. 09
面 ； 公分. --（JC0002C）

ISBN 978-986-7884-72-5（精裝）

1.藏傳佛教　2.佛教藝術　3.佛像

226.964　　　　　　　96016678